Klaus le Vrang

AF281632

Goethes Werther
und
Charlottes Leiden

ISBN: 9783758 331466

Inhaltsverzeichnis

Vorwort

Im Rahmen meiner Familienforschung, bei der ich auch einige weiter entfernte Verwandte erfasste, stieß ich auf eine Charlotte Buff. Erst als ich ein paar Details zu dieser Charlotte sammelte, wurde mir schlagartig klar, dass es sich um eine der Frauen um Goethe handelte, und dass sie, vereinfacht ausgedrückt, Goethe als eine Art Vorlage für die weibliche Hauptfigur in dem Roman „Die Leiden des jungen Werther" diente. Werther selbst hat, zumindest im ersten Teil des Romans, stark autobiografische Züge. Der Roman ist also über weite Teile eigentlich eine nur leicht verschleierte Beschreibung eines Paares „Goethe und Charlotte", so wie Goethe es in seinen Träumen gerne gesehen hätte.

Bei dem Sammeln von Einzelheiten entstand mehr und mehr ein faszinierendes Gesamtbild, das ich aus mehreren Literaturstellen zusammenstellen konnte, wobei viele Details einem Buch von Oskar Ulrich: „Charlotte Kestner" entnommen werden konnten. Dieser Hannoveraner Heimatforscher hatte schon vor über 100 Jahren detailliert, aber im Sprachstil seiner damaligen Zeit, das Leben von Charlotte sehr detailreich dargestellt. Heute ist das Buch von 1921, genauso wie der Nachdruck von 1987 vergriffen.

Aber es reizte mich, die Lebensgeschichte von Charlotte nochmals in komprimierter Form niederzuschreiben, dann natürlich auch in einem Erzählstil, der für heutige Ohren gewohnter klingt. Wozu dann die Zitate aus den Briefen (um 1800) und die Zitate aus Oskar Ulrichs Buch (um 1920) einen interessanten Gegensatz bilden.

Ich hoffe, mit diesem Ansatz den Leserinnen und Lesern ein interessantes und mit Freude zu lesendes Thema anzubieten. Von Wertungen und Interpretationen habe ich mich weitgehend ferngehalten (immer ist mir das nicht geglückt, manchmal musste ich auch selbst was dazu sagen), ich möchte es den Lesern überlassen, die eigenen Schlüsse zu ziehen und sich selbst ein Bild zu machen.

Klaus le Vrang
Januar 2024

Charlottes Kindheit und Jugend

Bevor wir uns Charlotte selbst zuwenden, schauen wir uns die Familie an, in die sie hineingeboren wurde. Väterlicherseits war es ursprünglich eine Pastorenfamilie: Der Großvater Christoph Buff, dessen Vater schon Pfarrer war, war seit 1706 „bestellter Pfarrer des Deutschen Ordens zu Steinbach, auch Schiffenberg", in der Nähe von Gießen. Dessen Sohn Heinrich Adam Buff, Charlottes Vater, brach mit der Familientradition und studierte – wohl ohne große Begeisterung – Rechtswissenschaft, scheint aber keinen Abschluss erlangt zu haben. Jedenfalls sah seine berufliche „Karriere" so aus, dass er, durch väterlichen Einfluss, 1740 eine Stelle als „Castnerey-Verwalter des Deutschen Hauses zu Wetzlar" erhalten hatte. Er füllte die dortige Tätigkeit wohl zu hoher Zufriedenheit aus, nach 15 Jahren wurde ihm „wegen seines in des hohen Ordens Dienste bezeigten Eiffers und Fleißes der Charakter als Amtmann beygelegt." Seine Aufgaben als Verwalter, ob mit oder ohne den Titel „Amtmann", bestanden im wesentlichen in der Verwaltung der Ordensländereien, er musste die Pachten und Zinseinnahmen eintreiben und monatliche Berichte abliefern. Diese Tätigkeit war anspruchsvoller als die Verwaltung eines „einfachen" landwirtschaftlichen Gutes, denn die Besonderheit des Besitzes des Deutschen Ordens bestand unter anderem darin, dass das „weltliche Recht" sozusagen an dem Hoftor endete und innerhalb des Deutschen Hauses das kirchliche Ordensrecht galt. Konflikte dadurch waren nahezu vorprogrammiert, deren Lösung immer wieder auch zu seinen Aufgaben gehörte. Dafür hatte er aber in dem großen Haus freie Wohnung, gerade bei hoher Kinderzahl ein nicht zu unterschätzender Vorteil.

Der Deutschordenshof in Wetzlar
Silberstiftzeichnung von Carl Stuhl, um 1850,
Städt. Sammlungen, Wetzlar

Der Deutsche Orden ist eine römisch-katholische Ordensgemeinschaft. Ich habe nicht herausfinden können, ob es seinerzeit irgendwelche Diskussionen dazu gab, Fakt ist aber, dass ein weltlicher Mitarbeiter, der einer protestantischen Pfarrerfamilie entstammte, als Verwalter des katholischen Deutschordenshofes zu Wetzlar eingesetzt wurde. Aber – die Wahl war offensichtlich nicht schlecht.

Von seiner Persönlichkeit her muss Heinrich Adam ein bemerkenswerter Charakter gewesen sein, ich möchte mit einigen kurzen Schlagworten aus den Beschreibungen und auch einigen Ausschnitten aus Briefen von ihm einen Eindruck skizzieren: Er lebte einfach und regelmäßig, am wohlsten fühlte er sich unter freiem Himmel. Ein scharfer Ritt und die Jagd waren seine liebsten Beschäftigungen in freier Zeit. Bis ins hohe Alter war er rüstig und kerngesund, und übte noch mit Mitte siebzig seine Amtsgeschäfte aus – immer unter der Devise: „rasch zugreifen und das Nächste mit voller Kraft besorgen". Aber er war auch oft starrköpfig und ein echter Choleriker. Als er, schon im hohen Alter, in der Amtsstube in einem Dorfe nahe Wetzlar seiner Arbeit nachging, trat ein Bauer ein, der es nicht für nötig hielt, seine schmauchende Pfeife aus dem Mund zu nehmen. Der handelte sich damit dann auch prompt eine Ohrfeige ein. – Wir heute fühlen uns auf den Behörden bisweilen auch schlecht behandelt, aber so krass kommt es zumeist doch nicht.

In ähnlich konsequenter Weise führte er auch seine Familie, streng auf Ordnung und Pünktlichkeit achtend. Zu Mittag hatten alle rechtzeitig zum Tischgebet zu erscheinen, das galt über die ganzen Jahre, auch als seine Söhne schon erwachsen waren. Noch 1786, also mit 75 Jahren, schrieb er:

> „Ich bin gottlob noch gesund und will, solang ich noch lebe, Herr in meinem Haus sein und mich nicht zu Tode ärgern; der

Sohn muß dem Vater und nicht dieser dem Sohn nachgeben, und der Sohn dem Vater gehorchen; dieses will das 4. Gebot haben, und dann soll es den Kindern wohlgehen und diese lange leben."

Heinrich Adam Buff
(1711 - 1795)
Ölbild im Lottehaus in Wetzlar

Dies ist aber nur eine Facette seiner Persönlichkeit, denn zugleich war er in seiner direkten Art ein liebevoller Vater, viele, die ihn im Kreise seiner Familie erlebt hatten, hoben das herzliche Verhältnis der Familienmitglieder untereinander hervor. Und im hohen Alter war er ein seinen vielen Enkeln besonders zugewandter Großvater. Diese, auch vom Vater bestimmte häusliche Atmosphäre hat sicherlich Charlotte mitgeprägt.

Aber einen noch wesentlicheren Einfluss dürfte ihre Mutter gehabt haben, die eine ganz ungewöhnliche Frau gewesen sein muss. Magdalena Ernestine Feyler, geboren 1731, war die Tochter eines Offiziers. Ihr Vater, Peter Ernst Feyler, zuletzt Major, war Kommandant einer kleinen hessischen Besatzung in der Reichsstadt Wetzlar. Seine Tochter, Charlottes Mutter, war erst 19 Jahre alt, als sie 1750 den doppelt so alten Heinrich Adam Buff heiratete. Übrigens, getraut wurde das junge Paar vom Vater des Bräutigams.

Statt dass ich nun versuche, mit eigenen Worten ein Charakterbild der Mutter, Magdalena, zu entwerfen, möchte ich aus einem Brief ihres Schwiegersohnes, dem Ehemann von Charlotte, wortwörtlich (unter Beibehaltung auch der Rechtschreibung und Interpunktion) eine Beschreibung zitieren, die er, etwa ein halbes Jahr nach dem Tode seiner Schwiegermutter, im Herbst 1770 an seinen Freund von Hennings gesandt hatte:

> „Ich habe Ihnen schon vor einigen Jahren eine Beschreibung der Familie meines Mädchens gemacht. Sie erinnern sich noch, daß ihre Mutter eine Hauptperson darin war; ich sage **war**, den ach! Sie ist es nicht mehr. Ich glaube Ihnen gesagt zu haben daß sie die beste Frau, die beste Mutter und das vollkommenste weibliche Geschöpf war, das ich kenne. Sanft ihr Character, weich, gefühlvoll ihr

Herz, zugleich munter und heiter, (Ich zähle ihre Eigenschaften her, wie sie mir einfallen.) In ihrer Jugend war sie eine Schönheit, und noch am 40sten Jahre, nachdem sie 14 oder 15 Kinder gehabt, versah man sie zu Zeiten für eine ihrer Töchter. Ihre Miene war einnehmend und ganz Bescheidenheit, sittsam und jungfräulich. Sie erröthete noch wie das unerfahrenste Frauenzimmer für einen freien Ausdruck. Ihr Körper war weiblich, schwach und zart; auch ihre Seele war weiblich, aber sie dachte wie ein Mann, groß, edel und war oft heldenmüthig. Ohne piquant witzig zu seyn, konnte sie aufmuntern, anderer Mienen aufheitern, wie sie wollte und war sehr unterhaltend. Sie redete viel ohne Weibergeschwätz. Ihre Kinder waren ihr vornehmstes Geschäft; für diese sorgte sie unaufhörlich; sie hatte sie immer um sich und bildete ihre jungen Seelen, ohne daß die Kinder es selbst wußten, ohne Strenge, ohne Furcht, durch lauter Liebe und Zärtlichkeit; doch gestattete sie ihnen auch keine Unart. Die Kinder liebten ihre Mutter dagegen eben so zärtlich; nirgends waren sie lieber als bey ihr; wenn sie ausgieng betrübten sie sich, sie lagen ihr an bald wieder zu kommen, und wenn sie wieder kam war lauter Freude; sie hingen sich an sie und küßten sich dann wieder satt. Auch ausser dem Hause war sie verehrt und geliebt. Sie war jedermann; wenigstens unter dem Namen: Die Frau mit den vielen schönen Kindern bekannt. Von den Geringern verehrt, denn gegen jedermann war sie freundlich und gefällig, jedermann war ihr Nächster; ohne Reichthum that sie viel Gutes, entweder durch reellen Beystand, oder guten Rath, Zureden, trösten und aufmuntern, alles mit einem Anstande, der zugleich ihr gutes Herz, und ihren Verstand verrieth; ich meyne ihre Wohlthaten ertheilte sie mit einer solchen Leichtigkeit, woraus man sah, daß eine wahre innere Empfindung sie dazu veranlaßte, und doch mit einer Art, welche den Wohlthaten noch einen Werth mehr beylegte; gar vieles that sie heimlich, denn ihr Mann, zwar rechtschaffen und gut, und selbst gutthätig, machte gerne ökonomische Anmerkungen.

Von ihres Gleichen hochgeachtet und geliebt, und von den Vornehmern geachtet. Bey diesen vergab sie sich nichts, war bey verschiedenen, die sie ihrer würdig hielt, gern gesehene Gesellschafterin, auch vertraute Freundin

> und Rathgeberin. Außer dem, daß sie von solchen selbst gesucht wurde, und sich mit Vorbedacht suchen ließ, hatte sie auch noch, in Rücksicht dessen, daß ihre Familie groß war, und sie das Glück ihrer Kinder wünschte, und dazu anderer Beistand nöthig hielt, die Absicht, solche Leute zu conserviren, die ihr oder ihren Kindern nützlich seyn könnten... Sie war meine beste Freundin die ich je gehabt, und vielleicht je bekommen werde..."

Im September 1750 zog also das frisch vermählte Ehepaar Heinrich Buff und Magdalena, geb. Feyler in dem Deutschordenhof ein, und schon neun Monate und drei Tage nach der Eheschließung wurde 1751 die erste Tochter Wilhelmine Caroline geboren (ich erinnere an die oben zitierte Lebensdevise Heinrichs: rasch zugreifen und das Nächste mit voller Kraft besorgen).

Es folgten:

1753 im Januar	Charlotte
1754 im Dezember	Ernestine (die im Alter von 8 Jahren verstarb)
1756 im September	Helene
1757 im November	Hans

Und jeweils in weiteren kurzen Abständen Wilhelm, Sophie, Ernestine, Friedrich, Dorothea, Georg, Amalia, Albrecht, Bernhard, Louis, Christian, insgesamt 15 Kinder, von denen 12 das Erwachsenenalter erreichten. Das letzte der Kinder, Christian Friedrich Julius wurde am 12. März 1770 geboren, die Mutter Magdalena verstarb am 13. März 1770, nachdem sie allerdings schon mehr als ein Jahr gekränkelt hatte.

Ansonsten kenne ich keine Berichte zur Kindheit und zu den Mädchenjahren von Charlotte, aber Charlotte und ihre ältere Schwester hatten mehr als die anderen Kinder noch die liebevolle Erziehung durch die Mutter erfahren können. Und prägend war sicher auch, dass in dem Deutschordenhof viel Platz, große Räume und viel Natur drumherum den Kindern ein Gefühl von Freiheit gegeben haben. Zudem gab es in dem Anwesen noch einen „Wohnnachbarn", den Prokurator Brandt, mit dessen Familie die Buffs befreundet waren, und auch Herr Brandt hatte Kinder, zwar „nur" zehn an der Zahl, aber auf diese Weise purzelten dort stets etwa 20 Kinder umeinander…

Mit der Schulausbildung hingegen wird es nicht so rosig ausgesehen haben, namentlich für die Mädchen. Die weiterführenden Schulen standen seinerzeit den Knaben offen, aber ein Mädchen, das über die Elementarkenntnisse hinaus eine Weiterbildung erhalten sollte, konnte diese zumeist nur über einen privaten Hauslehrer bekommen – ein Luxus, den sich ein Amtmann mit 12 Kindern nicht leisten konnte. Spezielle Unterlagen, die sich auf Lotte beziehen, liegen nicht vor, aber ich kann eine allgemeine Schilderung der damaligen Verhältnisse übernehmen und zugleich etwas darauf verweisen, was Charlotte in späteren Zeiten offensichtlich an Kenntnissen und Fähigkeiten hatte. Oder aber auch, wo ihre Lücken waren.

In Wetzlar existierte zur damaligen Zeit für Knaben, und zwar nur für diese, eine Anstalt der Jesuiten und auch die alte lateinische Stadtschule, hier war eine Weiterbildung möglich. Für die Mädchen gab es – nichts! Ich zitiere aus dem eingangs genannten Buch von Oskar Ulrich:

> „Wir wissen nicht, wo sich die Töchter des Deutschen Hauses ihre Schulbildung angeeignet haben; doch können wir uns die Summe schulmäßigen Wissens, mit der sie ins Leben eintraten, kaum zu gering vorstellen. Lesen und Schreiben – dies mit vielen dialektischen Eigentümlichkeiten; Lotte schreibt z.B. noch jahrelang, nachdem sie ihre alte Heimat verlassen hat, den Namen ihres Freundes beharrlich nach heimischer Aussprache als „Göde" [Anmerkung: „Goethe"] – dazu Katechismusunterricht und etwas Rechnen, damit war wohl die schulische Bildung abgeschlossen."

Parallel waren allenfalls einige andere Dinge von Bedeutung, nicht unbedingt solche intellektueller Art, aber für die Chancen beim anderen Geschlecht oder später im Ehestand hilfreich. Dazu gehörten Handarbeiten, besonders feinere Stickereien, und Musizieren, vorrangig Klavierspiel (was allerdings voraussetzte, dass sowohl Begabung als auch irgendein Zugang zu den Instrumenten existierte). Zudem war eine Ausbildung im Tanzen, wenn auch in geringerem Umfang, mit vorgesehen.

Gerade bei Charlotte können wir davon ausgehen, dass es ihrer Mutter ein wichtiges Anliegen war, ihre Tochter in hausfraulichen Tätigkeiten heranzuziehen, aber bedingt durch den Umgang und die Besucher, auch wichtige Personen, im Haushalt werden vor allem die größeren Kinder eine gewisse Routine in Konversation und Benehmen (damals von ganz anderem Stellenwert als heute) mitbekommen haben.

Bei all diesen Problemen stand aber Charlotte bald in der Pflicht, denn mit dem Tode ihrer Mutter übernahm sie die Aufgabe, für die jüngeren Geschwister zu sorgen, also ab 1770 war die dann soeben 17jährige Charlotte, die sicherlich von den beiden anderen großen Schwestern unterstützt wurde, eine zentrale Figur in der Erziehung der Kleineren.

Die Verlobung

Noch zu den Lebzeiten ihrer Mutter lernte Charlotte ihren späteren Ehemann kennen. Bevor wir die Ereignisse schildern, wollen wir versuchen, ein Vorstellung von ihm, Johann Christian Kestner, zu bekommen, also auf den nächsten Seiten erst einmal Charlotte noch ihrer unbeschwerten Kindheit oder frühen Jugend überlassen. Hierzu noch eine Anmerkung: warum auch immer, aber in der Literatur wird Johann Christian Kestner immer nur als „Kestner" bezeichnet. Vermutlich ist dies durch die Goethe-Briefe gesetzt, der ihn immer nur als Kestner ansprach, mal in dem damals überaus vertraulichen „du" (gehörte sich eigentlich wirklich nicht), mal mit „Ihr" als Anrede und dann auch als „Sie" - je nachdem, wie Goethe gerade zumute war - aber immer nur als „Kestner". Ich will dieser Tradition folgen – Johann Christian Kestner ist also nur der „Kestner".

Johann Christian Kestner stammte aus keiner bedeutenden Familie, sein Vater Johann Hermann, geboren 1700 in Lemgo war laut Sterbeeintrag im Hannoveranischen Kirchenbuch 1772 königlicher geheimer Registrator. Er war somit in der Justizkanzlei in Hannover zuständig für die Aufbewahrung des Aktenmaterials und die Registrierung des Schriftverkehrs. Es war also eine gehobenere Stellung, aber sicherlich keine besonders einflussreiche. Er war zweimal verheiratet, aus der ersten Ehe hatte er fünf, und aus der zweiten Ehe nochmals elf Kinder, darunter als drit-

18

tes Johann Christian, geboren am 28. August 1741 in Hannover. Fast alle Kinder starben früh und Johann Christian, der selbst auch immer wieder kränkelte, überlebte sie alle.

Die häuslichen Voraussetzungen erlaubten es, dass Johann Christian Kestner in Hannover das Gymnasium besuchte. Als junger Mann war er eher zurückhaltend, las außerordentlich viel, auch in englisch und französisch, und später auch in italienisch. Daneben versuchte er sich auch selbst etwas als Schriftsteller, insbesondere schrieb er eigene Tagebuchblätter, die auch heute noch den Zugang zu seiner Persönlichkeit erleichtern.

1762 zog Kestner dann nach Göttingen, um Rechtswissenschaften zu studieren. Aus dieser Zeit stammt auch seine Freundschaft mit August Hennings (oder von Hennings, so ganz klar ist mir das nicht geworden), ein aus Holstein kommender ehrgeiziger und sehr begabter Jüngling, der später nach Plön zog. Sein Briefwechsel mit ihm aus der Wetzlarer Zeit verschafft uns Einblicke, wie menschlich schwierig die Situation seinerzeit war und lässt die Nachwelt (und damit auch uns) die Vielschichtigkeit der Probleme verstehen. Zu leicht läuft man sonst Gefahr, die literarische Figur des Albert in den Leiden des jungen Werthers in jeder Hinsicht mit Kestner gleichzusetzen.

Johann Christian Kestner brach wegen Kränklichkeit

allerdings nach fünf Semestern sein Studium ab und kehrte zu Ostern 1765 nach Hannover zurück, dort wollte er den Berufseintritt in die Rechtsanwaltschaft vorbereiten. Während dieser Zeit, zwei Jahre später, wurde er überraschend gefragt, ob er Interesse hätte, als Sekretär mit der Bremer Delegation zur Kammergerichtsvisitation nach Wetzlar zu gehen. Er überlegte das Angebot ziemlich lange und war sich im Zweifel – Zeit genug jetzt für uns, eine Kurzdarstellung des Kammergerichts in Wetzlar zu liefern und die damit auftretenden Probleme zu schildern.

Wir müssen uns die politische Situation verdeutlichen: Ein deutsches Reich hat bislang nicht existiert und es wird bis zu dessen Gründung auch noch 100 Jahre dauern. Noch haben wir das Heilige Römische Reich (HRR), seit nunmehr etwa 800 Jahren, dessen Geschichte aber hier natürlich zu weit führen würde. Aktuell ist Joseph II. (Kaiser des HRR von 1765 – 1790) Regent des Reiches, Napoleon wird erst in zwei Jahren geboren werden. Und die französische Revolution wird erst in 24 Jahren ausbrechen.

Seit 1689 (bis zur Auflösung des HRR 1806) war Wetzlar (freie und unabhängige Reichsstadt) Sitz des Reichskammergerichts, das oberste Gericht des HRR. Seine Aufgabe war es, ein geregeltes Streitverfahren an die Stelle von Fehden, Gewalt und Krieg treten zu lassen. Im Denkansatz lobenswert war die Idee in der Ausführung ein unglaubliches Desaster. Einzelheiten würden hier zu weit führen, aber ein paar Beispiele verdeutlichen das: Zu der Zeit, von der wir hier berichten, lagen 16.000 unerledigte Fälle in den Archiven. „Gerichtsmakler" (keine amtliche Bezeichnung) fanden gegen hohes Honorar Wege, Prozesse in Bearbeitung zu bringen, natürlich, was jedem bekannt war, durch entsprechende Bestechung der Richter. Legendär ist dabei der „Münsterische

Johann Christian Kestner

Lithografie nach einem Ölgemälde
Städt. Sammlungen Wetzlar

Erbmännerstreit": Das Domkapitel Münster klagte vor dem Reichskammergericht gegen die Münsteraner „Erbmänner" (Details sind hier nicht nötig). Die Klage wurde 1597 erhoben, und schon 1685 entschied das Reichskammergericht in der ersten Instanz. Erst 1710 wurde die Revision beschieden, dann vom höchsten Richter, Kaiser Joseph I. Jedenfalls, wie diese Beispiele zeigen, der Ruf des Reichskammergerichts war so desolat, dass Abordnungen der einzelnen deutschen Länder, Königreiche, Fürstentümer u.s.w. jeweils Delegationen zu der von Kaiser Joseph II. angeordneten Visitation schickten.

Und inzwischen (wir hatten ihm ja auf der vorhergehenden Seite etwas Bedenkzeit eingeräumt) hatte sich auch Kestner entschieden, als Sekretär der Bremer Delegation nach Wetzlar zu reisen, am 11. Mai 1767 kam er dort an, wo er die nächsten sechs Jahre seine Bleibe haben würde – und in diesem Zeitfenster wird er – etwas pathetisch ausgedrückt - den Schritt in die Unsterblichkeit machen.

Aber davon ahnte er natürlich noch nichts, seine Sorge war vielmehr, möglichst schnell eine Unterkunft zu finden. Zumal er ja nicht der einzige war, der plötzlich ankam. Wetzlar wurde von den anreisenden Honoratioren – im Verhältnis zur Stadtgröße – nachgerade geflutet. Er fand eine Bleibe beim Pfarrer Lorsbach im reformierten Pfarrhaus, nahe der Stadtmauer im Süden von Wetzlar. Er hatte bald Kontakt in einigen Freundeskreisen, aber seine ernsthafte Art und auch sein Weiterbildungsdrang, verbunden mit eigener Initiative, führten zur Bildung einer „gelehrten Sozietät", einer Gruppe von vier Juristen. In einer „English Society" beschäftigte er sich mit englischer Literatur, auch Italienisch wurde weitergepflegt, und mit Hilfe eines Lehrers arbeitete er fleißig an der Vervollkommnung in Französisch. Aber all diese Aktivitäten fielen bald der Arbeit zum Opfer, für die er hergekommen war. Berge von Akten mussten durchgearbeitet werden, eine öde Arbeit, die er aber mit großem Pflichtbewusstsein abwickelte und die sehr viel seiner Zeit aufbrauchte.

In seinem Tagebuch beschreibt er eine kleine Episode aus jener Zeit, die ich hier im Wortlaut wiedergeben möchte, sie zeigt, dass er morgens vor Arbeitsbeginn einfach auch mal „vor die Türe" wollte:

„d. 27. Juni. Früh um 5 ritt ich spaziren. Im Vorbeyreiten bey einem Beckerhause nahm ich ein Fürstenbrodt (Kleine Art weiß Brodt 1 Kreuzer werth) mit mir, weil ich Willens war, irgendwo zu frühstücken. Durch einen Umweg (wo ich zwischen durch Gellerts Geistliche Lieder laß und sonst dieß und jenes dachte) kam ich nach Garbenheim. Nicht weit vom Wirtshause hielt ich still und besann mich, ob ich frühstücken wollte oder nicht; ob es nicht zu spät mit der Rückkehr würde, es war 6 Uhr. – Ich wollte es. War schon an der Thür, besann mich und ritt vorbey durch das Dorf, machte wieder einen kleinen Umweg und kam auf die Landstraße zur Stadt. Wie ich so ritt, sah ich einen Mann vor mir hin gehn. Sein wankender, langsamer Gang an einem Stecken, sein vorn über gebücktes Haupt verriethen sein Alter und seine zerrißene Kleidung seine Armuth. Ich zog 1 Kreuzer hervor, und indem ich bey ihn kam, so wie er mich erblickte und ehrerbietig mit Mühe zur Seite trat, den Huth abziehend, reichte ich ihm den

Dieser kleine Eintrag im Tagebuch lässt uns plastischer als jede Beschreibung die Person von Kestner vor Augen treten.

> Kreuzer. Und er reichte den Huth eilend her, ganz voller Freude, indem er nichts mehr sagte als: Ach Herr, ach Herr, ach lieber Gott! O du lieber Gott! welches er oft wiederholte. Als ich ihn ansah, erkannte ich, daß ein Kreuzer zu wenig war. Mein Fürstenbrodt fiel mir ein. Ich gab es ihm, und nun war seine Freude noch größer. Er konnte nicht aufhören zu danken. Ich ritt fort und hörte noch immer Ausbrüche seiner Freude. Doch er konnte nicht froher seyn wie ich; es war mir süßer, als mir das Frühstück gewesen seyn würde. Hätte ich nicht den Umweg gemacht, hätte ich mich nicht lange besonnen gehabt, so würde ich ihn nicht angetroffen haben."

Bei seinen Bestrebungen, Ausgleich zu der ermüdenden Tagesarbeit zu finden, kam er auch in das Deutsche Haus, das als Ordenshaus offenstand und oft von Studenten und Praktikanten besucht wurde. Dort fand er Anschluss an eine intakte Familie, bei der der Alltag und nicht stark intellektuelle Gespräche im Vordergrund standen. Kestner saß des Öfteren nach dem Abendessen noch mit den Eltern und der Familie zusammen, vor allem die Mutter Magdalena Buff hatte wirklich die Begabung, traurige Personen, auch belastete Sekretäre aufzuheitern und sich im Kreise der Großfamilie wohlfühlen zu lassen. Und offensichtlich war Kestner ein gern gesehener und wohlgelittener Gast, er war einerseits ein ernsthafter und pflichtbewusster junger Mann, der aber auch unterhaltsam und auch witzig sein konnte und ein interessanter Gesprächspartner war.

Und bald wurde Kestner sich auch darüber im Klaren, dass er sich in besonderem Maße zu der zweitältesten Tochter Charlotte hingezogen fühlte, die übrigens bei der ersten Begegnung mit ihm im Deutschen Haus gerade nur 14 Jahre alt war.

Es liegen zwei Briefe von Kestner vor, die besondere Dokumente sind, nämlich der Brief an seine künftige Schwiegermutter, mit dem er das Einverständnis der Eltern erbittet, und der spätere Brief an Lotte. Ich halte beide für wichtig, um einen besseren Einblick zu bekommen, wie und mit welchen Gefühlen Kestner sich die Zukunft vorstellt und auch, um seine Person und somit die spätere Beziehung zu verstehen. Und wenn Goethe seinen Roman „Die Leiden des jungen Werther" nur als Abfolge von Briefen verfasste, dann erlaube ich mir hier zu dem letztlich gleichen Thema (wenn auch mit anderem Ausgang) den wörtlichen Abdruck von zwei Briefen. Sie stammen von Anfang 1768.

Hochedelgeborene, Insbesondere Hoch-
zuverehrende Frau Amtmännin,

Schon längst habe ich auf eine günstige Gelegenheit gehofft, um Ihnen alles,
was ich Ihnen gerne sagen möchte, und
mit der Umständlichkeit, welche es er-
fordert, zu sagen. Länger kann ich nicht
anstehen, und Sie werden mir erlauben,
diesen Brief für mich reden zu lassen.

Sie können es zwar schon wissen, daß
ich Dero zweite Mdlle [Abk. für Made-
moiselle] Tochter liebe, denn ich habe
daraus vor Ihnen weder ein Geheimniß
machen können, noch auch wollen; jenes, weil ich der Verstellung nicht genug fähig bin, dieses, weil ich es der
Rechtschaffenheit zuwider halte, einem
Frauenzimmer anhaltend und mehr als
freundschaftlich, wider Wissen der Eltern
aufzuwarten. Ich habe mich vielmehr be-
strebet, Ihnen deutlich merken zu lassen,
daß meine Gesinnungen eine ernsthafte
Absicht haben, daß ich die liebenswürdige Charlotte eben so sehr hochschätze
als liebe, daß ich mir das Glück, mit ihr
auf ewig verbunden zu werden, als das
größte Glück meines Lebens wünsche.

Aber dies ist nicht genug. Ich muß endlich mich Ihnen ganz entdecken, Ihnen ganz das Innerste meines Herzens ohne Zweideutigkeit, ohne Zurückhaltung offenbaren. Die mütterlichen Rechte, welche die Natur keiner würdigern, keiner bessern Mutter als Ihnen übertragen konnte, fordern dieses Geständniß von mir; Ihre Einwilligung in meine Liebe zu erhalten, ist der erste Schritt zur Aufklärung und Entscheidung der ganzen Sache, ohne selbige kann ich nichts vornehmen.

Ich habe meinen Entschluß mit derjenigen Ueberlegung gefaßt, die ich bei allen meinen Handlungen anzuwenden beflissen bin. Da ich die Parteilichkeit der Liebe fürchtete, so habe ich das Urtheil vernünftiger Freunde, theils ohne ihr Wissen, zu Rathe gezogen, und auch diese haben mich darinnen bestätigt. Ich bin also fest überzeugt, daß er mich nie gereuen werde.

Der edle Charakter Ihrer Mdlle Tochter, ihre angenehmen Eigenschaften, ihr lebhafter Geist, ihr liebenswürdiges Betragen als Tochter, als Freundin, als Schwester, die vortreffliche Erziehung, die sie gehabt, die weise Aufsicht, welcher sie annoch unterworfen ist, (ich würde mehr sagen, wenn Sie nicht ihre Mutter wären) alles dieses verspricht mir die heiterste Aussicht.

Es bleibt mir also nichts übrig, als mir von Ihnen, Dero Herrn Gemahl und Mdlle Tochter die Entscheidung meines Schicksals zu erbitten, welche ich mit dem größten Verlangen erwarte.

Zu der Gewogenheit Dero Mdlle Tochter mache ich mir zwar einige Hoffnung, allein das Herz eines Frauenzimmers, von solchem Verstande, und von so reizender Bescheidenheit ist schwer zu erforschen. So manche Unruhe und Kummer ich deswegen ausgestanden: so habe ich dennoch, selbst in den Schwierigkeiten, einen Grund mehr gefunden, dieselbe hochzuschätzen und zu verehren. Und so unglücklich ich mich schätzen würde, wenn ich ein übles Urtheil erhielte (ein Gedanke, den ich zu meiner Ruhe entferne), so sehr wünsche ich doch, daß derselben in dieser wichtigen, ihr eigenes Wohl so wie das meinige entscheidenden Sache eine gänzlich freie Wahl anheimgestellt bleiben möge.

Ich ersuche daher Sie und Dero Herrn

Gemahl einstweilen nur um die Genehmigung Dero Mdlle Tochter meine anjetzt vorgelegte Gesinnungen selbst entdecken und mir ihre ungezwungene Antwort darauf ausbitten zu dürfen. Ja ich ersuche dieselben sogar meiner Freundin von Ihrer Seite bis dahin nichts zu eröffnen. Ich unterwerfe mich übrigens einer genauen Untersuchung und erbite mich alle mich betreffende Nachrichten, die Sie verlangen könnten, zu ertheilen; nicht, als ob ich mir schmeichelte, daß diese nothwendig vorteilhaft für mich ausfallen würden, sondern weil ich nicht gemeinet bin, Dieselben im geringsten zu hintergehen.

Der Ueberbringer dieses, dem Sie Ihre gütige zu beliebende Antwort sicher und vollkommen anvertrauen können, wird auch im Stande sein, ein mehreres hinzuzufügen.

Ich habe die Ehre unter der ungeduligsten Erwartung, ob Dieselbe mich zu dem glücklichsten oder unglücklichsten Menschen machen wollen, mich lebenslang zu nennen
  Dero gehorsamsten Diener
  J. C. Kestner
  B.H.   Den 22. Januar 68

Charlottes Mutter ließ Kestner die Antwort zukommen, dass sie ihn sehr hoch schätze, seinen Verkehr im Deutschen Hause gerne sähe und diesen auch gerne weiterhin gestatten würde. Sie wolle es auch geschehen lassen, dass er Lotte sein Herz eröffne, aber Lotte sei noch zu jung, als dass sie eine vernünftige Antwort darauf geben könne.

Danach versuchte Kestner drei Monate lang, eine passende Gelegenheit zu finden, um mit Charlotte ein genügend vertrautes Gespräch zu führen und herauszufinden, was sie nun wirklich für ihn empfinden würde. Nachdem die Zweifel an ihm nagten, und er keine Chance sah, entschloss er sich zu einem Brief an Charlotte, den er drei Monate später schrieb und der uns auch erhalten blieb:

„Liebenswürdige Demoiselle!

Sie wissen es schon, was ich für Sie empfinde. Das Herz hat seine Sprache, und weiß sich auch ohne Worte genug zu erklären. Ich habe Ihnen das meinige sogar schon durch Worte entdeckt. Allein, um mir eine endliche Entscheidung meines Schicksals von Ihnen zu erbitten, lege ich hiermit Ihnen ein feierliches Geständniß davon ab.

Es ist dieses, daß ich Sie liebe, Sie hochschätze, Sie verehre; daß ich es fühle und überzeugt bin, daß ich Sie ewig lieben werde; daß ich in Ihre Genehmigung meiner aufrichtigsten, zärtlichsten Gesinnungen gegen Sie mein ganzes Schicksal setze; daß ich mich endlich für den glücklichsten Menschen halten werde, wenn ich mir Hoffnung machen kann, einst zu dem ewigen Besitze Ihres unschätzbaren Herzens zu gelangen.

Ob ich gleich herüber längst, und von Anfange, da ich das Glück gehabt, Sie näher kennen zu lernen, mit mir eins gewesen, dennoch habe ich nicht genug gewußt, was ich mir für ein Urtheil von Ihnen zu versprechen hätte, und meine zärtliche Ausforschung Ihres Herzens und Ihrer Neigung hat oft zu meinem geheimen Kummer, einen Widerspruch mit dem zuweilen günstigen Anschein von Glück zu entdecken geglaubt. Diese dunklen Zweifel, die mich weniger beunruhigt haben würden, wenn ich Sie weniger und nicht so unaussprechlich liebte, noch mehr aber mein Wunsch, daß Sie zu einer völligen Entscheidung und Erklärung auf meinen Antrag desto besser vorbereitet sein möchten, wie auch die wenige Gelegenheit, mich Ihnen besonders und ausführlich zu entdecken, ha-

ben meinen gegenwärtigen Schritt ver-
zögert.

Endlich vertraue ich diesem Brief meinen Antrag mit mehrerem Muthe, als ich
haben würde, wenn ich ihn mündlich tun
wollte und mein Mund vielleicht dasjenige umsonst oder doch unordentlich das
ausdrückte, was ich empfinde, was ich
wünsche, und so sehnlich wünsche.

Mein Antrag geht also dahin: Ob Sie sich
mit mir in eine ernsthafte Verbindung
einlassen möchten; in eine Verbindung,
welche, sobald es die Umstände und
Vernunft erlaubten, ein ewiges Band
unauflöslich machte, das nur dem Aus-
schweifenden, dem Wankelmüthigen
und Flatterhaften, dem, welcher die süße
Harmonie zweier allein sich ergebenen
Herzen nicht fühlen kann, sclavisch und
lästig vorkommen wird, mir aber eine der
größten unter den Glückseligkeiten des
menschlichen Lebens zu sein scheint,
wofern eine beiderseitige Bemühung
sich vereiniget, um ein fortdauerndes gutes Vernehmen, Eintracht, Gefälligkeit,
Zufriedenheit und Zärtlichkeit in ihrer
Lebhaftigkeit zu erhalten, wovon wir ein
schönes, nachahmungswürdiges Muster
in Ihren lieben und mir deswegen allezeit

Charlotte Buff
Pastellbildnis von unbekannter Hand, um 1779
Nationale Forschungs- und Gedenkstätten
der klassischen deutschen Literatur, Weimar

unendlich verehrungswürdigen Eltern vor uns sehen.

Ziehen Sie darüber zuerst Ihr Herz und Ihre Neigung zu Rathe; hierdurch nur wird auch ein günstiges Urtheil erst seinen wahren Werth bei mir erhalten; und, o möchten diese für mich reden! – Alsdann werden Sie über dasjenige, was die Vernunft und die Ueberlegung hierbei anräth, sich mit Ihren lieben Eltern, denen ich meine Absicht schon vorläufig entdeckt habe, berathschlagen können. Um Ihnen darin nach meinen Kräften zu Hülfe zu kommen, so will ich Ihnen eine Regel vorschlagen; daß man nämlich, nach meiner durch öftere Aufmerksamkeit auf die Begebenheiten der Menschen, wie auch durch Lesen und Hören, erhaltenen wenigen Einsicht, in solchen Fällen vorzüglich aus dasjenige zu sehen hat, was fortdauert, nicht blos im Aeußerlichen bestehet oder vergänglich ist. Man muß sich also in den Fall setzen, als wenn dieses alles nicht da wäre oder doch verschwinden könnte, und dann wählen. Dennoch wird man bei allen Dingen etwas wagen müssen, die man unternimmt. Es kommt alsdann nur darauf an, daß man Muth genug hat, bei dem einmal mit Ueberlegung gefaßten

Entschluß zu verharren, und daß man nicht selbst unglücklich sein will, sondern seinen Zustand durch Vernunft und Klugheit zu verschönern sucht.

Ohngeachtet mein brennendes Verlangen, eine Erklärung, und was noch mehr ist, eine günstige Erklärung zu erhalten, nicht bald genug erfüllet werden kann, und es vielleicht mein Vortheil ist, wenn Sie weniger behutsam wären, dennoch liebe ich Sie zu sehr, wünsche also zu sehr Ihre künftige Glückseligkeit und suche in der Rechtschaffenheit zu sehr mein Glück, als daß ich nicht Ihnen anrathen sollte, diese Entscheidung mit gehöriger Sorgfalt, wozu Ihrem Geiste die Natur hinlängliche Fähigkeit verliehen hat vorzunehmen, in einer Sache, welche durch eine kurze Dauer von Zufriedenheit wenig schätzbar, oft ein Elend wird, und durch die Fortdauer erst den wirklichen Vorzug erhält.

Mehreres glaube ich hinzuzusetzen nicht nöthig zu haben, da ich aus mir selbst nie ein Geheimniß mache, folglich Sie in den Stand gesetzt sind, zu urtheilen, und die etwa gewöhnlichen Betheuerungen unnöthig sind, weil ein Betrüger auch durch diese nicht gebunden wird. Sind Sie also von der Größe, der Wahrheit, der Aufrichtigkeit meiner Liebe überzeugt, so werden Sie auch in die natürliche Folge davon, Ihr Glück, Ihre Zufriedenheit und Ihre Ruhe zu befördern, keinen Zweifel setzen und meine zum Wankelmuth und zur Flüchtigkeit nicht geneigte Denkungsart Ihnen deswegen auf die Zukunft Gewähr leisten. Sind Sie aber davon noch nicht überzeugt: o so sagen Sie mir Ihre Zweifel, ich kann sie heben; geben Sie mir Proben auf, ich unterwerfe mich ihnen.

Ich schließe und warte voll Ungeduld auf Ihren Ausspruch, indem ich mich, unter Empfindung der lebhaftesten, Ihnen nur gewidmeten Zärtlichkeit, der Güte Ihres Herzens empfehle und in angenehmer Erwartung nenne,

      liebenswürdigste Demoiselle
      Dero
          ewig ergebenen

          J. C. Kestner

Wetzlar
Den 25. April 1768

Wahrscheinlich bin ich nicht der Richtige, um mich in die Gefühlswelt eines 15jährigen Mädchens zu versetzen (schon gar nicht eines solchen von vor 250 Jahren), aber spontan würde ich sagen, dass bei mir dieser Brief nicht Sehnsüchte geweckt hätte und mich auch nicht in eine Hochstimmung versetzt hätte, in der ich nachts noch vom Verfasser träume. Aber offensichtlich kann ich da nicht mitreden, denn Kestner scheint den richtigen Ton getroffen zu haben. Charlotte erhörte, wie man so sagt, ihren Johann Kestner, und wenn es auch kein förmliches öffentliches Verlöbnis gab, waren ab da die beiden sozusagen einander versprochen und wurden in der Familie von Charlotte, aber auch im Freundeskreis als Brautpaar angesehen. Aber aus dem Briefstil von Kestner wird deutlich, dass es nicht seine Art war, Zärtlichkeit oder große Vertrautheit in der Öffentlichkeit zu zeigen. Und auch die Entscheidung Charlottes zeigt, dass sie nicht der romantische Charakter war (kein Wunder, die Zeit der Romantik kommt ja erst noch), der auf den Traumprinzen hofft, sondern dass die Entscheidung zumindest auch eine rationale Komponente hatte. Schon hier kann angemerkt werden, dass die literarische Lotte im „Werther" kein Abbild der realen Charlotte ist.

Oskar Ulrich hatte es blumig in seiner Biografie von Charlotte so ausgedrückt:

> „Nicht Leidenschaft hatte sie zusammen-
> geführt; es fehlte ihrer Liebe die verzeh-
> rende Glut, die in jener Zeit des Sturmes
> und Dranges so manchen in unheilvolle
> Wirrungen stürzte, dafür aber beseelte
> sie ein stilles Feuer herzlicher Zunei-
> gung, stark genug, ein ganzes Leben zu
> erfüllen."

Aber die unterschiedlichen Charaktere waren letztlich ein Gewinn für beide Brautleute. Charlotte profi-
tierte davon, dass Johannes sehr belesen war und eine
umfassende Bildung besaß. Sie lasen zusammen Wer-
ke der damals aktuellen Autoren, und für Charlotte
eröffnete sich die Schönheit der literarischen Poesie.
So konnten ursprüngliche Lücken in der Schulausbildung leicht gefüllt werden und Lotte betrat eine
neue Welt. Umgekehrt kam Kestner zugute, dass Lotte so naturverbunden war und viele Verbindungen
zu Freunden hatte, so dass der eher zurückhaltende
Kestner neue Kontakte fand und in geselligere Kreise
kam.

Etwa 1770 kam es zu einer Aussprache von Kestner
mit seinen eigenen Eltern, die bis dahin nichts von
der „Verlobung" wussten. Es war allerdings nicht er
selbst, der seine Eltern in Hannover darüber infor-
mierte, sondern die Kunde davon überbrückte sogar
die damals weite Entfernung von Wetzlar nach Han-

nover. Sie wurde den Eltern als Gerücht zugetragen, und Kestner bat daraufhin seine Schwester Eleonore, der er vorher schon Andeutungen gemacht hatte, sich mit ihrem Bruder Georg zu beratschlagen, wie er es wohl am besten seinen Eltern beibringen könnte. Er machte dabei klar, dass er zwar nicht offiziell verlobt sei, aber durch sein Ehrenwort gebunden, und dass er in Lotte auf jeden Fall seine zukünftige Frau gefunden habe. Sie würde auch „in Hannover", also den Eltern, gefallen, allerdings:

> „Nur ein Hindernis ist dabei: Sie hat keine Schätze, als Tugend, guten Namen und den Segen der rechtschaffensten, verehrungswürdigsten Mutter mitzubringen."

Aber so einfach ging das nun nicht. Der Vater schickte einen befreundeten Hauptmann nach Wetzlar, der sich umhören sollte, wen Kestner da als Braut ausgesucht habe. Der war darüber verständlicherweise sehr entrüstet, gab aber dem „Spion" jede erbetene Auskunft, allein, der Vater hatte andere Pläne mit dem Sohn gehabt und war mit der Verbindung nicht einverstanden. Seine Schwiegertochter hatte er aber nie kennengelernt, er starb 1772, bevor das Ehepaar Kestner nach Hannover umsiedelte.

Am 13. März 1771 verstarb Charlottes Mutter, direkt nach der Geburt ihres letzten Kindes. Allerdings kam der Tod wohl nicht unerwartet, da sie schon längere

Zeit zuvor bei schlechter Gesundheit war. Natürlich, bei jetzt 12 Kindern, hinterließ sie eine immense Lücke, aber es stand völlig außer Frage, dass diese von Lotte gefüllt werden wird. Für Vater, Geschwister und auch die Freunde war es wie selbstverständlich, dass für diese Pflicht nur Lotte geeignet ist. Kestner schrieb ca. ein halbes Jahr später an seinen Freund Hennings:

„Und sie selbst fühlte ihre Bestimmung so sehr, daß sie das Amt vom ersten Augenblick an übernahm und mit einer solchen Zuverlässigkeit führte, als wenn eine förmliche Uebertragung, bey ihr aber ein überlegter Entschluß vorausgegangen und sie von jeher bestimmt sey. An sie wandte sich alles, auf ihr Wort geschah alles, und jedes folgte ihrer Anordnung, ja ihrem Wink; und was das vornehmste war, es schien, als wenn die Weisheit der Mutter ihr zum Erbtheil geworden wäre. Bis diese Stunde hat sich solches erhalten; sie ist die Stütze der Familie, die Liebe, die Achtung derer, die dazu gehören, und das Augenmerk derer, welche dahin kommen. – Ich sage Ihnen, es ist ein halbes Wunderwerk, ohngeachtet weder sie selbst, noch die Familie es merkt, und jedes meynt, es müßte so seyn."

Es waren bestimmt schwere Zeiten für Charlotte, aber bei aller Trauer hatte sie die Schwungkraft und den Frohsinn, die schwere Aufgabe mit Fröhlichkeit anzunehmen und zuversichtlich in die Zukunft zu blicken. Und gleichzeitig bezeugte die Selbstverständlichkeit, mit der sie die Sorge für die kleineren Geschwister übernahm, dass Charlotte mit einem natürlichen Pflichtgefühl ausgestattet war.

Goethe

In diesem Kapitel treten wir in die zentrale Episode im Leben von Charlotte Buff ein. Es muss nicht unbedingt ihr persönlich bedeutendstes Erlebnis sein – vielleicht würde sie eher der späteren Eheschließung oder der Entwicklung ihrer Kinder dieses Prädikat zuordnen, aber literaturgeschichtlich war es dennoch das Schlüsselerlebnis überhaupt, es dürfte sich kaum je ein größeres ereignet haben.

Oder, mit anderen Worten, hätte es Goethe nicht gegeben, wäre Charlotte schnell im Vergessen der Geschichte versunken und bestimmt würde dieser hier vorliegenden Beitrag nicht existieren. Aber, zugleich möchte ich daran erinnern, dass diese Kurzbiografie hier die von Charlotte ist und Goethe, so sehr er sich auch sonst überall in den Vordergrund drängt, hier eine Nebenrolle hat. Auch wenn es Goethe kränken mag, dass er hier von mir auf Platz zwei oder drei verwiesen wird: mir geht es darum, die Person von Charlotte darzustellen. Die von Goethe möchte ich nicht werten, diese Trauben hängen mir auch viel zu hoch – bestimmt Tausende von Wissenschaftlern haben sich in den letzten 200 Jahren daran versucht.

Aber wir sammeln auch hier wieder die Berichte über die Einzelheiten zusammen, soweit wir sie finden konnten. Sie sind immer noch die beste Basis.

Übrigens stieß ich in dem Buch von Oskar Ulrich

auf ein interessantes Kuriosum: Charlotte und Goethe waren miteinander verwandt (vermutlich wussten beide das nicht und ich übrigens bis zu dem Augenblick ebensowenig). Aber ich konnte tatsächlich nachvollziehen, dass ein Henritz Kornmann, 1470 geboren und Bürgermeister von Kirchhain, der siebenmal Ur-Großvater von Goethe und zugleich der sechsmal Ur-Großvater von Charlotte war. Anders ausgedrückt: Charlotte war eine Tante 9. Grades von Goethe. Aber als ob Goethe es geahnt hätte, findet sich in dem Text von Werthers Leiden dort, wo Werther Lotte zum ersten Mal sieht, der folgende kurze Dialog:

„Es [das kleinste Geschwisterkind] zog sich zurück, als eben Lotte zur Türe herauskam und sagte: »Louis, gib dem Herrn Vetter eine Hand«. - das tat der Knabe sehr freimütig, und ich konnte mich nicht enthalten ihn, ungeachtet seines kleinen Rotznäschens, herzlich zu küssen.

»Vetter?« sagte ich, indem ich ihr die Hand reichte, »glauben Sie, daß ich des Glücks wert sei, mit Ihnen verwandt zu sein?« - »O«, sagte sie mit einem leichtfertigen Lächeln, »unsere Vetterschaft ist sehr weitläufig, und es wäre mir leid, wenn Sie der schlimmste drunter sein sollten."

Aber wir wollen jetzt über die realen, nicht literarischen Figuren reden und hier werfen wir vorab einen kurzen Blick darauf, warum und wie Goethe überhaupt nach Wetzlar kam. Wobei dies nur zum weiteren Verständnis eingeflochten wird – mit der ausufernden und tiefschürfenden Goetheforschung kann und will ich nicht konkurrieren. Dies hier ist, ich wiederhole es, ein Charlotte-Buch und kein Goethe-Buch!

Goethe hatte soeben seine juristische Ausbildung an der Universität Straßburg beendet und sollte jetzt im Rahmen der Weiterbildung eine Art Studienaufenthalt an dem höchsten deutschen Gericht, dem Reichskammergericht in Wetzlar, machen. Dies war der Plan seines Vaters, denn somit würde sich für den Sohn der Zugang zur höheren Beamtenlaufbahn öffnen.

Goethe selbst verstand das wohl mehr als eine Art Auszeit denn als berufliche Fortentwicklung und wollte in der Zeit lieber sich in klassische Literatur vertiefen. Soweit erkennbar, ist er auch in dem Gericht in der ganzen Zeit nur genau einmal erschienen, um sich in irgendeine Liste einzutragen, und ward danach in diesen Hallen nicht mehr gesehen. Vermutlich hätte aber diese eine Unterschrift als Qualifikationsausweis auch locker ausgereicht.

Goethe erschien also in Wetzlar im Mai 1772. Weil die ganzen Zeitangaben inzwischen schwer einzuordnen sind, versuche ich, hier einen Zeitstrahl für die Zeit von 1770 bis 1775 aufzustellen, auch wenn der jetzt dem Leser etwas die Spannung nimmt, was in den folgenden Monaten noch alles passieren wird. Aber er macht die Abläufe verständlicher.

Die zeitlichen Abläufe

1768	Verlobung
13.03.1771	Tod Charlottes Mutter
05.1772	Goethe in Wetzlar
09.06.1772	Ball in Volpertshausen
10.09.1772	Goethe ist weg
29.10.1772	Suizid Karl Wilhelm Jerusalem
19.03.1773	Kestner Stellenangebot Hannover
04.04.1773	Heirat Kestner u. Charlotte
01.05.1774	1. Kind von Kestner u. Charlotte
23.09.1774	Fertigstellung „Werther"
21.11.1774	„Rechtfertigungsbrief" Goethe

Goethe fand eine kleine Wohnung in einem düsteren Haus in der Gewandsgasse, in der Nähe des Deutschen Hauses. Er schloss sich sehr schnell dem lockeren Kreis der jungen Juristen an, die in einer Art Verein sich zu einer fröhlichen Runde trafen. Diese Gesellschaft schien ihm eher zu passen als die Besuche bei seiner etwas verknöcherten Großtante und ihren unverheirateten Töchtern, die in Wetzlar wohnten. Aber auch unter den jungen Literaten in Wetzlar war er bald gern gesehener Gesprächspartner, und auf diesem Wege machte auch Kestner seine Bekanntschaft. Kestners Bericht an seinen Freund Hennings enthält eine dezidierte Beschreibung des Charakters und der Art von Goethe und gilt in der Forschung als die wohl beste Quelle zum Verständnis des jugendlichen Goethes – aber würde uns hier vom Thema wegführen. Interessant für uns ist jetzt nur, dass Kestner schon Kontakt zu Goethe hatte, bevor Goethe und Charlotte sich das erste Mal begegneten, und dass Kestner beeindruckt und wohl auch etwas fasziniert von Goethe war.

Pfingsten, genauer gesagt am 9. Juni 1772, veranstalteten einige der jungen Leute, mit denen Goethe sich traf, einen ländlichen Ball in Volpertshausen (etwa 1 ½ Stunden südlich von Wetzlar). Das Jägerhaus, in dem das Fest stattfand, war ein Fachwerkhaus (heute als „das Goethehaus" ein kleines Museum, der Ballsaal ist noch erhalten).

An dem Ball nahmen 25 Personen teil. Kestner war

so eingespannt in seine Aktenaufarbeitung, dass er erst am späteren Abend nachkommen konnte. Daneben nahm auch Jerusalem teil (eine Schlüsselfigur in dem Werther-Roman, sozusagen der Werther des zweiten Teiles), und auch Goethes Großtante mit drei Töchtern, zwei unverheiratet und eine verheiratet. Weiterhin war Charlottes ältere Schwester mit dabei – wie man sieht, sind also einige der Gäste bereits gute Bekannte von uns.

Und weil dieser Ball nicht nur eine Art Schlüsselszene in der Biografie von Lotte ist, sondern als eine herausragende Beschreibung in dem „Werther" gilt und damit hohen literarischen Ruhm genießt, ist es natürlich reizvoll, die beiden Ebenen miteinander zu vergleichen. Also zum einen die sachliche Beschreibung, die Kestner an seinen Freund Hennings geschickt hat, und zum anderen die Szene im „Werther" wiederzugeben, wie sie Goethe zwei Jahre später geschrieben hat:

Hier der Kestnerbrief im Wortlaut:

„Sie ist noch jung, sie hat, wenn sie gleich keine ganz regelmäßige Schönheit ist (ich sehe hier nach dem gemeinen Sprachgebrauch und weiß wohl, daß die Schönheit eigentlich keine Regeln hat) eine sehr vortheilhafte, einnehmende Gesichtsbildung; ihr Blick ist wie ein heiterer Frühlings Morgen, zumal den Tag, weil sie den Tanz liebt; sie war lustig, sie war in ganz ungekünsteltem Putz. Er bemerckte bey ihr Gefühl für das Schöne der Natur und einen ungezwungenen Witz, mehr Laune als Witz...

Er wußte nicht, daß sie nicht mehr frey war; ich kam ein Paar Stunden später; und es ist nie unsere Gewohnheit, an öffentlichen Orten mehr als Freundschaft gegen einander zu äußern. Er war den Tag ausgelassen lustig, (dieses ist er manchmahl, dagegen zur anderen Zeit melancholisch,) Lottchen eroberte ihn ganz, um desto mehr, da sie sich keine Mühe darum gab, sondern sich nur dem Vergnügen überließ. Anderen Tags konnte es nicht fehlen, daß Goethe sich nach Lottchens Befinden auf dem Ball erkundigte. Vorhin hatte er in ihr ein fröhliches Mädgen kennen gelernt, das den Tanz und das ungetrübte Vergnügen liebt; nun lernte er sie auch von der Seite, wo sie ihre Stärcke hat, von der häußlichen Seite, kennen."

Die „anrührende" Szene, wie Goethe am nächsten Tag Lotte seine Aufwartung machte und sie inmitten der Kinderschar fand, fand Eingang in die Malerei:

Gemälde von Ferdinand Raab
Lottehaus Wetzlar

Und nun lesen wir im „Werther", wie Goethe diesen Abend sich gewünscht hätte – er hatte ja die Freiheit, ihn in seinem Roman so zu gestalten, wie er selbst ihn gerne gesehen hätte (und davon hat er auch reichlich Gebrauch gemacht):

„Das Gespräch fiel aufs Vergnügen am Tanze. - »Wenn diese Leidenschaft ein Fehler ist,« sagte Lotte, »so gestehe ich Ihnen gern, ich weiß mir nichts übers Tanzen. Und wenn ich was im Kopfe habe und mir auf meinem verstimmten Klavier einen Contretanz vortrommle, so ist alles wieder gut«.

Wie ich mich unter dem Gespräche in den schwarzen Augen weidete - wie die lebendigen Lippen und die frischen, muntern Wangen meine ganze Seele anzogen - wie ich, in den herrlichen Sinn ihrer Rede ganz versunken, oft gar die Worte nicht hörte, mit denen sie sich ausdrückte - davon hast du eine Vorstellung, weil du mich kennst. Kurz, ich stieg aus dem Wagen wie ein Träumender, als wir vor dem Lusthause stille hielten, und war so in Träumen rings in der dämmernden Welt verloren, daß ich auf die Musik kaum achtete, die uns von dem erleuchteten Saal herunter entgegenschallte.

Die zwei Herren Audran und ein gewisser N. N. - wer behält alle die Namen -, die der Base und Lottens Tänzer waren, empfingen uns am Schlage, bemächtigten sich ihrer Frauenzimmer, und ich führte das meinige hinauf. Wir schlangen uns in Menuetts um einander herum; ich forderte ein Frauenzimmer nach dem andern auf, und just die unleidlichsten konnten nicht dazu kommen, einem die Hand zu reichen und ein Ende zu machen. Lotte und ihr Tänzer fingen einen Englischen an, und wie wohl mir's war, als sie auch in der Reihe die Figur mit uns anfing, magst du fühlen. Tanzen muß man sie sehen! Siehst du, sie ist so mit ganzem Herzen und mit ganzer Seele dabei, ihr ganzer Körper eine Harmonie, so sorglos, so unbefangen, als wenn das eigentlich alles wäre, als wenn sie sonst nichts dächte, nichts empfände; und in dem Augenblicke gewiß schwindet alles andere vor ihr.

Ich bat sie um den zweiten Contretanz; sie sagte mit den dritten zu, und mit der liebenswürdigsten Freimütigkeit von der Welt versicherte sie mir, daß sie herzlich gern deutsch tanze. - »Es ist hier so Mode,« fuhr sie fort, »daß jedes Paar, das zusammen gehört, beim Deutschen zusammenbleibt, und mein Chapeau walzt schlecht und dankt mir's, wenn ich ihm die Arbeit erlasse. Ihr Frauenzimmer kann's auch nicht und mag nicht, und ich habe im Englischen gesehen, daß Sie gut walzen; wenn Sie nun mein sein wollen fürs Deutsche, so gehen Sie und bitten sich's von meinem Herrn aus, und ich will zu Ihrer Dame gehen«. -ich gab ihr die Hand darauf, und wir machten aus, daß ihr Tänzer inzwischen meine Tänzerin unterhalten sollte.

Nun ging's an, und wir ergetzten uns eine Weile an mannigfaltigen Schlingungen der Arme. Mit welchem Reize, mit welcher Flüchtigkeit bewegte sie sich! Und da wir nun gar ans Walzen kamen und wie die Sphären um einander herumrollten, ging's freilich anfangs, wie's die wenigsten können, ein bißchen bunt durcheinander. Wir waren klug und ließen sie austoben, und als die Ungeschicktesten den Plan geräumt hatten, fielen wir ein und hielten mit noch einem Paare, mit Audran und seiner Tänzerin, wacker aus. Nie ist mir's so leicht vom Flecke gegangen. Ich war kein Mensch mehr. Das liebenswürdigste Geschöpf in den Armen zu haben und mit ihr herumzufliegen wie Wetter, daß alles rings umher verging, und Wilhelm, um ehrlich zu sein, tat ich aber doch den Schwur, daß ein Mädchen, das ich liebte, auf das ich Ansprüche hätte, mir nie mit einem andern walzen sollte als mit mir, und wenn ich drüber zugrunde gehen müßte. Du verstehst mich!

Wir machten einige Touren gehend im Saale, um zu verschnaufen. Dann setzte sie sich, und die Orangen, die ich beiseite gebracht hatte, die nun die einzigen noch übrigen waren, taten vortreffliche Wirkung, nur daß mir mit jedem Schnittchen, das sie einer unbescheidenen Nachbarin ehrenhalben zuteilte, ein Stich durchs Herz ging.

Beim dritten englischen Tanz waren wir das zweite Paar. Wie wir die Reihe durchtanzten und ich, weiß Gott mit wieviel Wonne, an ihrem Arm und Auge hing, das voll vom wahrsten Ausdruck des offensten, reinsten Vergnügens war, kommen wir an eine Frau, die mir wegen ihrer liebenswürdigen Miene auf einem nicht mehr ganz jungen Gesichte merkwürdig gewesen war. Sie sieht Lotten lächelnd an, hebt einen drohenden Finger auf und nennt den Namen Albert zweimal im Vorbeifliegen mit viel Bedeutung.

»Wer ist Albert?« sagte ich zu Lotten, »wenn's nicht Vermessenheit ist zu fragen«. - Sie war im Begriff zu antworten, als wir uns scheiden mußten, um die große Achte zu machen, und mich dünkte einiges Nachdenken auf ihrer Stirn zu sehen, als wir so vor einander vorbeikreuzten. -»Was soll ich's Ihnen leugnen,« sagte sie, indem sie mir die Hand zur Promenade bot. »Albert ist ein braver Mensch, dem ich so gut als verlobt bin«. - nun war mir das nichts Neues (denn die Mädchen hatten mir's auf dem Wege gesagt) und war mir doch so ganz neu, weil ich es noch nicht im Verhältnis auf sie, die mir in so wenig Augenblicken so wert geworden war, gedacht hatte. Genug, ich verwirrte mich, vergaß mich und kam zwischen das unrechte Paar hinein, daß alles drunter und drüber ging und Lottens ganze Gegenwart und Zerren und Ziehen nötig war, um es schnell wieder in Ordnung zu bringen.

Und die erste Zeit nach diesem Kennenlernen, in der ein völlig verliebter Goethe eher vergeblich versuchte, Wunsch und Wahrheit miteinander in Einklang zu bringen, hat Oskar Ulrich in seinem „Charlotte Kestner"-Buch so schön beschrieben, im Erzählstil des frühen 20. Jahrhunderts – also vor ziemlich ge-

„Seit dem Balle in Volpertshausen hatte Goethes Aufenthalt in Wetzlar Zweck und Ziel gefunden. Bald war er täglicher Gast im Deutschen Hause. Wohl nahm er sich manchmal vor, nicht so oft hinzugehen. Aber ehe er sich's versah, war er wieder auf dem Wege zu dem geliebten Mädchen. Seine Mutter hatte ihm dereinst das Märchen vom Magnetberg erzählt, der mit unwiderstehlicher Gewalt alles Eisen aus den Schiffen zieht, die in seinen Bereich kömmen. Daran mußte er in dieser Zeit oft denken, wenn er sich, fast ohne es zu wollen, wieder vor dem Tore des Deutschen Hauses fand. In Lottes Familie hieß jung und alt den neuen Bekannten herzlich willkommen. Der rüstige Vater fand an dem frischen, gesunden Wesen Goethes, der sich draußen unter freiem Himmel am wohlsten fühlte, lebhaften Gefallen. Die heranwachsenden Mädchen bezauberte der glänzende Jüngling, dessen stets belebende Unterhaltung sie über sich selbst emporhob, und der es doch auch nicht verschmähte, an ihren kleinen Sorgen lebhaften Anteil zu nehmen. Und die große Kinderschar, Buben und Mädchen, schlossen den neuen Onkel fest in ihr Herz, der mit den Kindern zum Kinde wurde, an ihren Spielen teilnahm, ihnen Märchen erzählte wie kein anderer und auch gelegentlich allerlei Gutes mitbrachte. Und auch Goethe fühlte sich wohl im Deutschen Hause. Der frische, von keinem lästigen gesellschaftlichen Zwange beengte Umgang, die echt menschliche, ungekünstelte Gastfreiheit, die den Fremden um seiner selbst schätzte, entsprach seinem innersten Wesen. Gerade damals, wo es in seinem Innern so gewaltig gärte, wo die Anregungen der Straßburger Zeit in ihm auf- und niederwogten und nach dichterischer Gestaltung verlangten, wo Stoffe wie der Götz und der Faust ihn beschäftigten, gerade in dieser Zeit fand er gegen das Drängen und Stürmen seiner Seele ein wohltätiges Gegengewicht in lebhafter Teilnahme an der Außenwelt. Und das umsomehr, da ihm diese Außenwelt hier vermittelt wurde durch ein geliebtes Mädchen, dessen heiterer Blick und unbefangene Vertraulichkeit auf den rastlos umhergetriebenen Wanderer, dem keine Gegenwart genügte, wie ein beruhigender Balsam wirkte."

nau 100 Jahren. Neidlos muss ich anerkennen, dass dies wunderbar zusammenpasst mit dem Stoff – und uns heute so gar nicht mehr möglich ist (zumindest mir nicht). Allerdings gibt es dann auch Stellen, wo der Text schwer erträglich ins Schwülstige abgleitet.

So, jetzt muss der Leser versuchen, damit fertig zu werden, dass ich wieder in meinem Stil weiterschreibe, was nach den eben gelesenen Texten wahrscheinlich wie eine kalte Dusche wirkt.

Aber ich wollte oben die Texte aus Werther mit einbinden. Es ist wohl der hohen literarischen Bedeutung angemessen, diese beiden Versionen, also Kestnersche Beschreibung, mit der dichterischen Interpretation von Goethe zu vergleichen. Und diese Gegenüberstellung wird uns – auch im weiteren Verlauf – deutlich machen, wie sehr Dichtung (Goethes Sicht auf die Beziehung) und Wahrheit (Kestners Sicht auf die Beziehung) auseinanderlaufen, wobei es eigentlich die identische Beziehung ist.

Und damit ist auch klar ersichtlich, dass eine Interpretation des Verhältnisses zu Lotte, wie Goethe sie übersteigert in dem Werther uns andient, nur äußerst wenig mit der Realität zu tun hat, und dass, wir werden es noch sehen, für Lotte und ihren Mann das Ganze eher unerfreulich war. Oder – anders ausgedrückt – damals fehlten noch die intensiven rechtlichen Regulierungen der EU zum Datenschutz und Personenschutz!

Jetzt - mit diesem Hintergrundwissen - wird es dem Leser sicher klar, dass die aktuelle Situation schlicht schwierig war. Das empfanden wohl auch einige Freunde Goethes, z.B. Dr. Born, der Goethe noch aus den Studienjahren in Leipzig kannte:

> „Wenn ich Kestner wäre, mir gefiel's
> nicht. Worauf kann das hinausgehn? Du
> spannst sie ihm wohl gar ab?"

Goethes Erwiderung war interessant, aber auch nicht
so ganz verständlich:

> „Ich bin nur der Narr, das Mädchen für
> was besonderes zu halten, betrügt sie
> mich und wäre so wie ordinär und hätte
> den Kestner zum Fond ihrer Handlung,
> um desto sicherer mit ihren Reizen zu
> wuchern, der erste Augenblick, der mir
> das entdeckte, der erste, der mir sie nä-
> her brächte, wäre der letzte unserer Be-
> kanntschaft."

Das hatte er nicht einfach so dahingesagt, sondern es
auch noch hoch und heilig beschworen. Verständlicher wurde es durch diesen Schwur aber auch nicht.

Die Tage liefen wohl weitgehend so ab, dass Goethe
und Lotte tagsüber auch Gelegenheit zu gemeinsamen Spaziergängen fanden (wie das mit der Be-
treuung der vielen Kinder zusammenpasste, ist mir
nicht so klar geworden), während natürlich Kestner
verräumt war, der saß im Gerichtsgebäude bei seinen Akten. Abends ergaben sich oft tiefschürfendere
Gespräche – die Themen gingen nicht aus. Goethe

machte aus seinen Gefühlen für Lotte kein Geheimnis, fand bei ihr aber kein Gehör für irgendwelche Schritte, die über den platonischen Ansatz ihrer Freundschaft zu ihm hinausgingen. Kestner vertraute in dieser Hinsicht vollständig auf Lotte und hielt an der Freundschaft zu Goethe fest. Die beiden hatten Hochachtung voreinander, vielleicht gerade deshalb, weil sie so unterschiedliche Charaktere waren – und jeder vielleicht auch gerne ein paar Eigenschaften des jeweils anderen gehabt hätte. Die Dreierbeziehung bekam einen Riss, als Goethe am 14. August Lotte einen Kuss, man muss wohl sagen, raubte, was Lotte auch des Abends dann Kestner erzählte. Nicht als Geständnis, sondern eher als Anklage. Kestner reagierte erbost, Lotte konnte ihn aber besänftigen mit dem ehrlichen Versprechen, dass ihr inniges Verhältnis zu ihm unerschüttert sei. Wie Kestner dann auch im Tagebuch vermerkte:

> „D. 16. bekam Göthe von Lotten gepredigt; sie declarirte ihm, daß er nichts als Freundschaft hoffen dürfe; er ward blaß und sehr niedergeschlagen pp."

Aus den Ereignissen Ende August/Anfang September lässt sich schließen, dass die Atmosphäre in diesem „Dreigestirn" unharmonischer wurde. Am 28. August noch wurde Geburtstag gefeiert (Goethe und Kestner hatten am gleichen Tage Geburtstag), aber am 5. September wollte Lotte für ein paar Tage nach Atzbach (heute Ortsteil von Lahnau, zwischen Wetzlar und Gießen) und Goethe erbot sich, sie zu begleiten. Mit diesem Angebot kam es aber zu einer deutlichen Verstimmung von Kestner, woraufhin Lotte sofort diesen Plan aufgab, aber diese Situation führte dann wohl doch dazu, dass Goethe Wetzlar wieder verlassen wollte.

Am 10. September saßen Goethe, Kestner und Lotte zusammen, das Gespräch kam darauf, was nach dem Tode sei, und sie vereinbarten, dass der, der zuerst stürbe, alles daran setzen wolle, den beiden anderen Nachricht von dem Leben jenseits zukommen zu lassen. Es wurde dann auch ein sehr emotionales Gespräch, Lotte schilderte, wie ihre Mutter am Tage ihres Todes von den Kindern Abschied genommen hatte. Goethe war von dem Abend tief ergriffen, brach bald auf zu seiner kleinen Wohnung und fasste noch in der Nacht den Entschluss abzureisen. Er sagte niemandem etwas von den Plänen, und um tränenreiche Abschiedszeremonien zu vermeiden (auch der Kinder wegen), war er schon am nächsten Morgen nicht mehr in Wetzlar. Dies sind die Zeilen, die er an seinen Freund Kestner hinterließ:

„10. Sept. 1772
Er ist fort Kestner wenn Sie diesen Zettel kriegen, er ist fort. Geben Sie Lottchen innliegenden Zettel. Ich war sehr gefasst aber euer Gespräch hat mich auseinander gerissen. Ich kann Ihnen in dem Augenblick nichts sagen, als leben Sie

wohl. Wäre ich einen Augenblick länger bey euch geblieben, ich hätte nicht gehalten. Nun bin ich allein, und morgen gehe ich. O mein armer Kopf."

Und an Lotte:

„Wohl hoff ich wiederzukommen, aber Gott weis wann. Lotte wie war mirs bey deinem reden ums Herz, da ich wusste, es ist das letztemal dass ich Sie sehe. Nicht das letztemal, und doch gehe ich morgen fort. Fort ist er. Welcher Geist brachte euch auf den Diskurs. Da ich alles sagen durfte was ich fühlte, ach mir wars um Hienieden zu thun, um ihre Hand die ich zum letztenmal küsste. Das Zimmer in das ich nicht wiederkehren werde, und der liebe Vater, der mich zum letzenmal begleitete. Ich binn nun allein, und darf weinen, ich lasse euch glücklich, und gehe nicht aus euren Herzen. Und sehe euch wieder, aber nicht morgen ist nimmer. Sagen Sie meinen Buben er ist fort. Ich mag nicht weiter."

Abschied von Wetzlar

Unter dem jähen Abschied litt vor allem Goethe, der Lotte ganz offensichtlich nicht aus seinem Herzen reißen konnte, und die vielen Briefe von ihm an Kestner und Lotte nach seinem Abschied zeigen, dass Goethe wirklich litt. Sie sind eine wichtige Quelle für all die Goethe-Forscher, die sich um ein Verständnis von Goethes Seelenlage zu einem jeden Zeitpukt seines Lebens bemühen, aber wir schauen eher auf Lottes (und Kestners) Seelenlage, und da habe ich den Eindruck, dass Lotte gar nicht so traurig war, dass ihr Leben jetzt wieder in ein etwas ruhigeres Fahrwasser zu gleiten versprach. Und selbst Kestner, der seinem Freund herzliche Briefe schrieb und auch sehr vertauensvolle Antworten bekam, schien es bei aller Anhänglichkeit doch sehr angenehm, dass nun etwas mehr Abstand zwischen den beiden und Goethe lag und er nicht mehr jeden Tag bei ihnen auftauchte.

Ein sehr belastendes Ereignis wühlte allerdings das Paar und auch Goethe auf: zu dem Freundeskreis um Lotte, Kestner und Goethe gehörte auch ein Karl Wilhelm Jerusalem, der allerdings sehr zurückgezogen lebte, so dass es nur wenige Berührungspunkte zwischen ihm und den drei anderen gab. Hier ist kurz zusammengefasst das, was wir von ihm wissen sollten:
Er studierte am Reichskammergericht in Wetzlar die Prozessführung. Dort traf er Goethe und Johann Christian Kestner.

Karl Wilhelm Jerusalem
Autor unbekannt

Durch seinen bürgerlichen Stand wurde er vom Adel
nicht angemessen geachtet, hatte Zusammenstöße
mit seinen Vorgesetzten und fand – wie Goethe in

seiner Frankfurter Juristerei – keine Befriedigung in seiner Tätigkeit. Die unglückliche Liebe zu der bereits vergebenen Elisabeth Herd (geb. Egell, 1741–1813), Gattin eines kurpfälzischen Legationssekretärs, brach ihm das Herz.

Er erschoss sich am 29. Oktober 1772 in seiner Wohnung (heute Schillerplatz 5) in Wetzlar und starb am darauffolgenden Tag. Auf dem Tisch lag aufgeschlagen Lessings Trauerspiel Emilia Galotti. Die Wohnung ist heute Gedenkstätte (Jerusalemhaus).

Was aber über diesen tragischen Tod hinaus Kestner belastete, war, dass Jerusalem am Tage vor seinem Suizid eine kleine Mitteilung an Kestner schrieb:

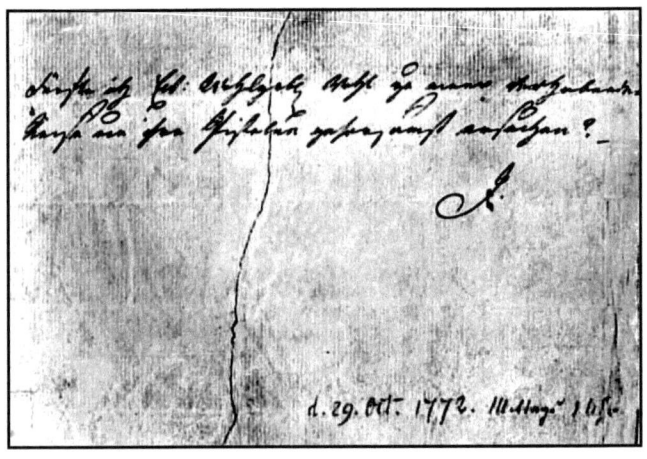

Kestner besaß eine Pistole, und Jerusalem fragte in der abgebildeten Notiz, ob er sie sich für eine Reise ausleihen könne, und natürlich tat Kestner ihm diesen Gefallen. Noch am gleichen Tag erschoss sich Jerusalem mit dieser Pistole.

Kestner berichtete in einem Brief ausführlich von dem Suizid und auch Goethe war sehr betroffen – er traf kurz darauf, am 10. November 1772 zusammen mit seinem Schwager Schlosser, der kürzlich Goethes Schwester Veronika geheiratet hatte, in Wetzlar ein, um Näheres über den Tod von Jerusalem zu erfahren.

Bei diesem Besuch traf er nochmals die Freunde aus dem Sommer und wurde herzlich aufgenommen. Aber nur wenige Tage später nahm Goethes Schwager ihn wieder mit zurück nach Frankfurt – der Besuch war die letzte persönliche Begegnung zwischen Kestner und Goethe.

Dieses Ereignis verarbeitete Goethe im tragischen Ausgang seines Romans „Die Leiden des jungen Werthers".

„... von unbefriedigten Leidenschaften gepeinigt, von außen zu bedeutenden Handlungen keineswegs angeregt, in der einzigen Aussicht, uns in einem schleppenden, geistlosen bürgerlichen Leben hinhalten zu müssen, befreundete man sich in unmutigem Übermut mit dem Gedanken, das Leben, wenn es einem nicht

mehr anstehe, nach eignem Belieben allenfalls verlassen zu können."

Die Darstellung, die Goethe in seinem „Werther" he-
rausarbeitete, erzürnte wiederum Lessing sehr.

Lessing gab nach dem Erscheinen des „Werther", als
einen Protest gegen die Darstellung Goethes, Jeru-
salems „Philosophische Aufsätze" mit einer polemi-
schen Vorrede und scharfen Anmerkungen heraus.
Insbesondere war Lessing verärgert, seinen verstor-
benen Freund bei Goethe als „empfindsamen Nar-
ren" dargestellt zu sehen, während er Jerusalem als
„wahren, nachdenkenden Philosophen" schätzte.

Wie wir im im weiteren Verlauf noch sehen werden,
war dies aber beileibe nicht das einzige Fettnäpfchen,
in das Goethe mit seinem „Werther" tappte.

Denn natürlich kommt Goethe hier in diesem Lotte-
Buch auch weiterhin noch vor. Die Begegnung zwischen Lotte und ihm war keine Episode, sondern ein
Einschnitt, der das weitere Leben von Lotte prägte,
wenn auch später die Wetzlarer Zeit bei Lotte etwas
in der Erinnerung zurücktrat, weil die Probleme des
Alltags sich vordrängten. Das Leben wird sich wei-
terentwickeln, auch in andere Richtungen. Trotzdem
- so richtig los wird man den Goethe einfach nicht…

Die Auseinandersetzung um den „Werther" zwischen
unseren drei Protagonisten ist im Detail Thema des

nächsten Kapitels.

In Wetzlar kehrte im Deutschen Hause wieder etwas mehr Alltag ein, Kestner war beruflich weiterhin stark in Anspruch genommen. Es gab Ende 1772/ Anfang 1773 politische Probleme bei den Visitationen, die verschiedenen Delegationen nahmen sehr konträre Positionen ein, und erst, nachdem der König von Frankreich ein drohendes Machtwort gesprochen und auch vom holländischen Königshaus ähnliche Signale kamen, wurden die Arbeiten wieder aufgenommen.

Für Kestner allerdings endete die Zeit dort, seine lang gehegte Hoffnung erfüllte sich, man bot ihm eine amtliche Stellung in Hannover an. Am 19. März 1773 wurde er zum Registrator im Calenberger Archiv berufen. Es dürfte wohl nicht die Stellung gewesen sein, von der er geträumt hatte, und vor allem war sie auch nicht mit einem Salär in der Größenordnung verbunden, von der er geträumt hatte. Aber er nahm das Angebot an, wohl in der Erwartung, dass er damit einen Fuß in die Beamtenlaufbahn gesetzt hatte und in dieser nun treppchenweise aufsteigen könnte.

Und vor allem ermutigte diese Stellung Kestner und Lotte, nun tatsächlich zu heiraten. Die Trauung fand am Sonntag vor Ostern statt, am 4. April 1773. Die Trauringe waren ein Geschenk – von Goethe. Lottes Trauring, besonders eingesiegelt, übersandte er mit den Worten (Goethe kam eigentlich nie ohne einen

Dichterspruch aus – und nicht jeder davon war wirklich verständlich, das gilt auch in diesem Fall):

> „An Charlotte Buff, sonst genannt die liebe Lotte abzugeben im Teutschen Haus. Möge mein Andencken immer so bey Ihnen seyn wie dieser Ring, in Ihrer Glückseeligkeit. Liebe Lotte, nach viel Zeit wollen wir uns wiedersehn, Sie den Ring am Finger, und für mich noch immer, für Sie Da weis ich keinen Rahmen, keinen Beynahmen. Sie kennen mich ja."

Was wollte der Dichter uns damit sagen?

Etwa einen Monat später zogen die Jungvermählten dann nach Hannover.

In Hannover ab Juni 1773 bis 1800

Hannover hatte um diese Zeit etwa 18.000 Einwohner, wobei sich zu der Bürgerschaft, die zumeist aus alteingesessenen Familien bestand, eine große Anzahl von Beamten gesellte. Wenn auch schon des längeren keine Landesherren mehr hier residierten (der Hof war bereits vor etwa 50 Jahren nach England umgesiedelt), wurde dennoch der gesamte administrative Aufbau weitergeführt. Anscheinend machte sich keiner Gedanken über den Sinn oder Unsinn dieser Maßnahme. Wobei dieser Stab an Beamten, über 300 Personen, in zwei Klassen zerfiel, der erste Rang waren hohe Offiziere und alter Adel, der zweite Rang der Neuadel und die Bürgerlichen, also z.B. auch ein Christian Johann Kestner nebst Ehefrau.

Es fanden zwar des öfteren gesellschaftliche Treffen unter den Mitgliedern des zweiten Ranges statt, allerdings nahm das Ehepaar Kestner anfangs kaum daran teil. Zum einen war die finanzielle Situation so schwierig, dass sich die Kestners es schlicht nicht leisten konnten, und erschwerend kam hinzu, dass die ersten sechs Jahre der Ehe bereits fünf Kinder hervorbrachte (was übrigens auch das Problem mit dem Geld nicht einfacher machte).

Aber der Bekanntenkreis der Kestners vergrößerte sich mit dem Heranwachsen der Kinder. Lotte war ein stets gerne gesehener Gast, sie war jemand, der eine natürliche Herzlichkeit ausstrahlte und deshalb bei den Kollegen und Freunden ihres Mannes und deren Familien sehr beliebt war.

So erweiterte sich bald der gesellschaftliche Rahmen der Familie, wobei Charlotte offensichtlich der Magnet war, da sie mit dem ihr eigenen Charme viele neue Kontakte knüpfte. Ihr kam jetzt in diesen Kreisen auch zugute, dass sie ihre nur geringe Schulbildung in den ersten Jahren während der Zeit mit ihrem Verlobten aufwertete und deshalb keineswegs den Eindruck eines Mädchens vom Land machte. Statt vieler Beschreibungen möchte ich hier aus einem Brief zitieren. Er ist zwar erst zu einem späteren Zeitpunkt verfasst, zu dem Charlotte mit ihrer Familie noch mehr in die Gesellschaft integriert war, beschreibt aber authentisch die Wirkung, die Charlotte auf ihren Umkreis hatte. Frau Adolphine von Bock, geb. von der Knesebeck, die Ehefrau eines Generals, schrieb ihr am 9. März 1805 (orthografisch „modernisiert"):

> „Wer so fühlt, denkt und redet wie Sie, so allgemein die Menschen liebt und von jedem die beste Seite aufzufassen weiß, der muss auch alle Herzen gewinnen und besitzen. Das meinige, Sie wissen es, war Ihnen längst ganz ergeben, und ist es die treueste Wahrheit, dass ich in Hannover keine geliebtere Freundin besitze wie Sie und keine dort Ihnen jemals den Preis abgewinnen wird."

Am 1. Mai 1774 kam in Hannover das erste Kind von Johann Kestner und Charlotte zur Welt, Georg Heinrich Friedrich Wilhelm Kestner. Paten wurden

1. Der königl. Kriegssecretair Herr Meyer
2. Der Deutschordens Amtmann der Baltigheßen Herr Buff
3. Der königl. Kanzleysecretair Herr Kestner
4. Der Doctor zu Franckfurth Goethe

Für No 2 et 4 ist niemand gegenwärtig gewesen

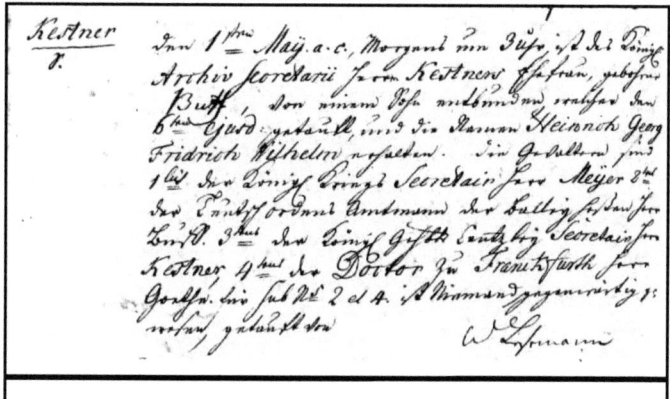

Taufeintrag Georg Kestner

Kestner bat Goethe nachträglich, Patenstelle an dem Kind zu übernehmen, ein Anerbieten, in das Goethe gerne einwilligte – jedoch trug das Kind nicht den oder die Vornamen des nachträglich auserwählten Patenonkels.

Der Kontakt mit Goethe war nicht abgerissen, es gibt einen umfangreicheren Schriftwechsel, wobei Goethe auf hohem Niveau jammert. Diese Passagen sind glücklicherweise erhalten geblieben, der Hannoveraner Heimatforscher Oskar Ulrich, auf dessen Buch ich sehr viel zurückgegriffen habe, hatte sie um 1920 zitiert. Und seitdem ist die Quellenlage nicht einfacher geworden: Viele Originale sind als Kriegsfolge verloren gegangen, und die Bedeutung der Sekundärliteratur ist somit stark gestiegen.

Ich möchte hier einen Ausschnitt aus einem der Goethebriefe zitieren. Er zeigt in vielem die Art seiner Briefe aus der damaligen Zeit. Eine klare Strukturierung würde anders aussehen – na gut, der Mann ist halt Dichter. Die Rechtschreibung war damals noch nicht zwingend vorgeschrieben, es gab keinen Duden, kein richtig oder falsch, sie war sozusagen kreativer, bei Goethe aber fällt auf, dass er das gleiche Wort unterschiedlich schreibt. Inzwischen ist sich die Forschung wohl einig, dass man Goethe zu den Legasthenikern zählen muss. In dem hier zitierten Brief an Charlotte berichtet er ihr, dass eine alte Strumpfwäscherin aus Wetzlar, die viel für die Buff'sche Familie gearbeitet hat, ihn in Frankfurt besucht hatte, da sie eine Stelle dort suchte. Die dabei hochkommenden Erinnerungen an die Wetzlarer Zeit scheinen Goethe aufgewühlt zu haben. Aber: lassen wir ihn hier mit einem Ausschnitt aus seinem Brief vom 26. August 1774 selbst zu Wort kommen:

Ich habe sie mit heraufgenommen in meine Stube, sie sah deine Silhouette [Goethe hatte einen Scherenschnitt von Lottes Silhouette an der Wand hängen], und rief: „Ach das herzelieb Lottgen," in all ihrer Zahnlosigkeit voll wa[h]ren Ausdrucks. Mir hat sie zum Willkomm in voller Freude Rock und Hand geküsst, und mir erzählt von dir wie du so garstig warst, und ein gut Kind hernach und nicht verschwäzt hättest, wie sie um dich hätte Schläge gekriegt da sie dich zum Lieut Meyer führte der in deine Mutter verliebt war, und dich sehn und dir was schenken wollte, das sie aber nicht litt u. u. alles, alles. Du kannst denken, wie werth mir diese Frau war, und dass ich für sie sorgen will. Wenn Beine der Heiligen, und leblose Lappen, die der Heiligen Leib berührten, Anbetung und Bewahrung und Sorge verdienen, warum nicht das Menschengeschöpf das dich berührte, dich als Kind aufm Arm trug, dich an der Hand führte, das Geschöpf, das du vielleicht um manches gebeten hat? Du Lotte gebeten. – Und das Geschöpf sollte von mir bitten! Engel vom Himmel. Liebe Lotte noch eins. Das machte mich lachen. Wie du sie oft geärgert hast mit deinen schlocker-Händgen, die du so machst, auch wohl noch, sie machte sie mir vor, und mir wars als wenn dein Geist umschwebte. Und von Carlinen, Lehngen allen, und was ich nicht gesehn und gesehn habe, und am Endlichen Ende war doch Lotte und Lotte und Lotte und Lotte und ohne Lotte nichts und Mangel und Trauer und der Todt. Adieu Lotte. kein Wort heut mehr. 26. Aug.

Und diesem Brief beigefügt war der nachfolgende Scherenschnitt mit dieser Widmung an Lotte:

Wenn einen seelgen Biedermann
Pastor oder Ratsherr lobesan
Die Wittib lässt in Kupfer stechen
Und drunter ein Verslein radebrechen
Da heissts:

„Seht hier von Kopf und Ohren
Den Herrn hochwürdig, wohlgeboren
Seht seine Augen und seine Stirn
Aber sein verständig Gehirn
So manch Verdienst ums gemeine Wesen
Könnt ihr ihm nicht an der Nase lesen.“

So liebe Lotte heists auch hier
Ich schicke meinen Schatten dir
Magst wohl die lange Nase sehn
Der Stirne Drang der Lippe Flehn
's ist ohngefähr das garstge Gesicht
Aber meine Liebe siehst du nicht.

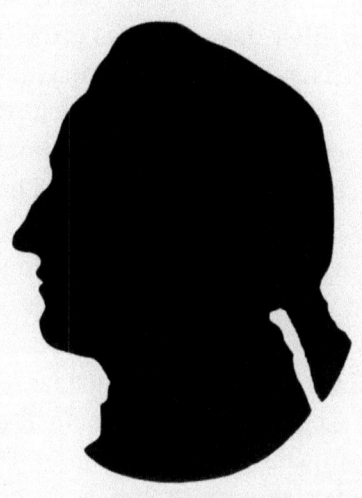

An Lotten

[handschriftlicher Text, unleserlich]

75

Aber dann zeichnen sich dunkle Wolken in dem Verhältnis zwischen dem Ehepaar Kestner und Goethe ab. Ich bin mir über das – um das etwas aktuell auszudrücken – Krisenmanagement von Goethe nicht so ganz im Klaren (ich vermute, die vielen professionellen Goethe-Forscher auch nicht). Ich möchte hier ein paar persönliche Worte unterbringen: Die Beschäftigung mit dem Stoff hier und dem jungen Goethe, das Lesen seiner Briefe und die Beschreibung seiner Gedanken haben ein Bild und ein eigenes Verständnis (wobei – Unverständnis wäre manchmal die bessere Wortwahl) dieses Mannes entstehen lassen. Das liegt nun sehr weit weg von dem, was mein alter Deutschlehrer im Gymnasium mir als Goethe-Bild vermitteln wollte und auch vermittelt hat. So, nachdem ich mich mit diesem Einschub als Ignorant geoutet habe, kehren wir wieder zu den Fakten - in angemessener zeitgenössischer Darstellung - zurück.

Wir kommen also jetzt zu dem, was ich „Charlotte-Krise" nennen möchte. Eingeleitet wurde sie eher schleichend von einigen Briefen Goethes von sybillinischer Diktion, ich zitiere einige Passagen (die ich hinsichtlich der Orthografie etwas von den legasthenischen Problemen bereinigt habe, sie wären sonst zu holprig zu lesen gewesen):

Schon in seinem Brief vom März 1774 (Kestnerbrief Nr. 94) findet sich ein Satz:

> „Wie oft ich bei Euch bin, heißt das in Zeiten der Vergangenheit, werdet Ihr vielleicht ehestens ein Dokument zu Gesichte kriegen."

Tja, was will er uns (bzw. den Kestners) damit sagen? Aber irgendwie war dieser ganze Brief ein wenig wirr (aber vielleicht hätte ihn ja mein alter Deutschlehrer verstanden…)

Im Mai 1774 (Kestnerbrief 98) kommt eine unverständliche Passage in dem Brief, bei der man auch im Nachhinein nur ungefähr erahnen kann, was wohl Goethe damit aussagen wollte. Damals aber war es für den Adressaten, Kestner, schlicht sinnlos:

> „Ich seh sie [= Charlotte] immer noch, wie ich sie verlassen habe, (daher ich auch weder dich als Ehemann kenne, noch irgend ein ander Verhältniss als das alte, - und sodann bey einer gewissen Gelegenheit, fremde Leidenschaften aufgeflickt [sic] und ausgeführt habe, daran ich euch warne, euch nicht zu stoßen). Ich bitte dich, lass das eingeschlossene Radotage [franz. = ‚Gelabere'] bis auf weiteres liegen, die Zeit wird's erklären. Habt mich lieb, wie ich euch, so hat die Welt keine vollkommenere Freunde."

I m

nächsten Brief (Nr. 99) vom 11.05.1774, dem Tauf-
tag des ersten Kindes wünscht sich Goethe, dass,
nachdem er doch nachträglich Pate geworden ist, der
Erstgeborene „Wolfgang" heißen soll, und wenn das
nicht geschehen sein sollte, möchte er diesen Namen
schon jetzt für den nächsten Sohn reserviert haben.
Und – der Mann liebt undurchschaubare Andeutungen, folgt noch der Satz:

> „- Schreibt mir gleich was geschehn ist. -
> Ich habe närrische Ahndungen dadrüber,
> die ich nicht sage, sondern die Zeit will
> walten lassen. Adieu ihr Menschen die
> ich so liebe (dass ich auch der träumen-
> den Darstellung des Unglücks unsers
> [sic!] Freundes, die Fülle meiner Liebe
> borgen und anpassen musste). Die Pa-
> renthese bleibt versiegelt bis auf weite-
> res."

Und – jetzt ahnt man, mit heutigem Wissensstand –
worauf Goethe hinaus wollte, denn in dem Schluss-
satz seines Briefes Nr. 100 vom 16. Juni 1774 schreibt
er:

> „Adieu, liebe Lotte, ich schick euch ehs-
> tens einen Freund der viel ähnliches mit
> mir hat, und hoffe ihr sollt ihn gut aufneh-
> men, er heisst Werther, und ist und war
> – das mag er euch selbst erklären."

Uns schwant jetzt, was er meinte, aber Kestners damals konnten nur, wie man heute sagen würde, „Bahnhof" verstehen (was natürlich so Unsinn ist, denn damals gab es noch gar keine Bahnhöfe). Und – um das gleich schon mal vorwegzunehmen, das mit der „guten Aufnahme" war zwar ein frommer Wunsch Goethes, aber das ging ganz mächtig schief...

Dennoch drängt sich mir der Eindruck auf, dass das Schreiben manipulativ vorbereitend sein sollte, weil Goethe nicht so ganz wohl bei dem Gedanken war, wie sein Roman von Lotte und auch Kestner aufgenommen werden könnte. Und mit solchen Zweifeln lag er auch goldrichtig – und es ist einfach interessant, wie er sich in den nächsten Briefen herauszuwinden versucht. Einerseits will er die Vorbilder seiner Romanfiguren beschwichtigen (insbesondere die Lotte ist sehr, sehr eng angelehnt an Charlotte). Andererseits will er mit seinem Roman (noch ist er ja nicht veröffentlicht) auf gar keinen Fall einen Schritt rückwärts gehen, den möchte er veröffentlicht wissen. Umgetrieben hat ihn dieses Problem ja wohl schon seit ein paar Monaten, wie die vorhergehenden Briefe zeigen. Aber die weitere Korrespondenz, hier ganz fokussiert auf die „Charlotte-Krise", legt es deutlicher und viel unmittelbarer dar als alle Erläuterungen.

Im Brief 102 vom 27. August 1774 (er überholte den Brief 101) beschwört Goethe nochmals die alten Zeiten, und kündigt an, dass da noch was käme:

„Heut vor zwey Jahren saß ich bey dir fast den ganzen Tag, da wurden Bohnen geschnitten bis um Mitternacht, und der 28te [Anm: 28. August war Goethes und auch Kestners Geburtstag] feyerlich mit Thee und freundlichen Gesichtern begonnen. O Lotte, und du versicherst mich mit all der Offenheit und Leichtigkeit der Seele, die mir so werth immer war an dir, dass ihr mich noch liebt. Denn sieh es wäre gar traurig, wenn auch über uns der Zeiten Lauf das Uebergewicht nehmen sollte. Ich werde dir ehestens ein Gebetbuch, Schatzkästchen oder wie du's nennen magst schicken, um dich morgens und abends zu stärken in guten Erinnerungen der Freundschaft und Liebe."

Und hier kommen jetzt die Begleitbriefe, mit denen Goethe vorab, vor Veröffentlichung des Buches auf der Leipziger Buchmesse, an die beiden, Charlotte und Kestner, jeweils ein Exemplar des Romans schickte:

Brief Nr. 104

Goethe an Kestner

„Habt ihr das Buch schon; so versteht ihr beygehndes Zettelgen, ich vergaß es hinein zu legen im Hurrli in dem ich jetzt lebe. Die Messe tobt und kreischt, meine Freunde sind hier, und Vergangenheit und Zukunft schweben wunderbar in einander.

Was wird aus mir werden. O ihr gemachten Leute, wieviel besser seyd ihr dran.

Ist Meyern wieder da. Ich bitt euch, gebt das Buch noch nicht weiter, und behaltet den lebendigen lieb, und ehret den Todten [mit „lebendigen" meinte Goethe vermutlich sich selbst, mit „Todten" die Romanfigur Werther]. Nun werdet ihr die dunkeln [sic] Stellen voriger Briefe verstehen.

Am 23. Sept. 1774"

Eingeschlossen in diesen Brief war ein Anschreiben an Lotte:

„Lotte wie lieb mir das Büchelgen ist magst du im Lesen fühlen, und auch dieses Exemplar ist mir so werth als wär's das einzige in der Welt, Du sollsts haben Lotte, ich hab es hundertmal geküsst, habs weggeschlossen, dass niemand es berühre. O Lotte! – Und ich bitte dich lass es außer Meyers niemand iezzo sehn,

> es kommt erst die Leipziger Messe in's Publikum. Ich wünschte iedes läs es allein vor [=für] sich, du allein, Kestner allein, und jedes schreibe mir ein Wörtgen. Lotte Adieu Lotte."

Der Roman „Die Leiden des jungen Werthers" von Johann Wolfgang Goethe waren auf der Buchmesse in Leipzig „ein Erfolg". Ich setze das bewusst in Anführungszeichen, denn es war kein gewöhnlicher Erfolg, es war eine Sensation, es war ein Hype um das Buch, so etwas hatte es zuvor noch nie gegeben. Die „Leiden des jungen Werthers" gelten als der erste Bestseller der Literaturgeschichte (vergl. Wikipedia).

Aber wir wollen nicht die Geschichte des Romans verfolgen, sondern ansehen, was der Roman mit unseren beiden Protagonisten, Charlotte und Kestner, gemacht hat – und das ist sehr zwiespältig.

Einerseits hat das Buch die „Episode" der dreimonatigen Wetzlarer Zeit von Goethe, in der er sich in die Verlobte von Kestner verliebt hatte, nun in eine völlig andere Welt verlegt. Sicher wird seinerzeit in Wetzlar der eine oder andere „getratscht" haben über die nicht alltägliche Konstellation, andererseits gab es wohl, soweit heute überblickbar, kein Gerede oder keine Gerüchte, dass das Verhältnis von Lotte zu Goethe je die Ebene des Schicklichen überschritten hätte. Jetzt, nachdem Charlotte, verheiratet und junge Mutter, mit ihrem Ehemann in Hannover lebte, war das Thema abgeschlossen, zumindest für die beiden (zumindest dachten die beiden das wohl, etwas voreilig, wie sich nun herausstellte).

Und natürlich noch viel krasser. Die Ereignisse waren jetzt durch die Romanfigur der Lotte anders dargestellt. Und diese Darstellung war keineswegs auf Wetzlar, und auch keineswegs auf Deutschland beschränkt: Charlotte war – von einem Tag auf den anderen – weltbekannt (Napoleon erwähnte, dass er das Buch ständig bei sich trüge). Der Roman wurde in die seinerzeit gängigen Sprachen übersetzt, und die unbeschwerte Charlotte aus Wetzlar war – jetzt auf einmal – eine Galionsfigur der internationalen Literaturgeschichte von wohl einmaliger Bedeutung.

Noch war es Charlotte und ihrem Mann nicht so klar, aber sie konnten ahnen, was es für sie bedeuten würde, und entsprechend waren auch ihre Reaktionen, wobei vor allem der Jurist Kestner die Formulierungen dazu fand:

Brief 106
Dieses Schriftstück ist nur als Fragment erhalten, es scheint das Konzept für ein Schreiben zu sein, das Kestner in Reaktion auf den Werther-Roman geschrieben hat, ein ausgefeilteres Schreiben, für das er lieber einen Vorentwurf anfertigte.

Von Kestner an Goethe

(Aus Hannover, vom Ende Sept. oder Anfang Okt.)

Euer Werther würde mir großes Vergnügen machen können, da er mich an manche interessante Scene und Begebenheit erinnern könnte. So aber, wie er da ist, hat er mich, in gewissem Betracht, schlecht erbauet. Ihr wißt, ich rede gern wie es mir ist.

Ihr habt zwar in jede Person etwas Fremdes gewebt, oder mehrere in eine geschmolzen. Das ließ ich schon gelten. Aber wenn Ihr bei dem Verweben und Zusammenschmelzen euer Herz ein wenig mitrathen lasst; so würden die würcklichen Personen, von denen Ihr Züge entlehnet, nicht dabei so prostituirt seyn. Ihr wolltet nach der Natur zeichnen, um Wahrheit in das Gemälde zu bringen; und doch habt Ihr so viel widersprechendes zusammengesetzt, daß Ihr gerade Euren Zweck verfehlt habt. Der Herr Autor wird sich hiergegen empören, aber ich halte mich an die Würcklichkeit und an die Wahrheit selbst, wenn ich urtheile, daß der Maler gefehlt hat. Der würcklichen Lotte würde es in vielen Stücken leid seyn, wenn sie Eurer da gemalten Lotte gleich wäre. Ich weiß es wohl, daß es eine Composition seyn soll; allein die H…, welche Ihr zum Theil mit hineingewebt habt, war auch zu dem nicht fähig, was Ihr eurer Heldin beymesset. Es bedurfte aber des Aufwandes der Dichtung zu Eurem Zwecke und der Natur und Wahrheit gar nicht, denn ohne das – eine Frau, eine mehr als gewöhnliche Frau immer entehrende Betragen Eurer Heldin – erschoß sich Jerusalem.

Die würckliche Lotte, deren Freund Ihr doch seyn wollt, ist in Eurem Gemälde, das zu viel von ihr enthält, um nicht auf sie starck zu deuten, ist, sag' ich – doch nein, ich will es nicht sagen, es schmerzt mich schon zu sehr da ichs denke. Und Lottens Mann, Ihr nanntet ihn Euren Freund, und Gott weiß, daß er es war, ist mit ihr –

Und das elende Geschöpf von einem Albert! Mag es immer ein eigenes, nicht copirtes Gemählde seyn sollen, so hat es doch von einem Original wieder solche Züge (zwar nur von der Aussenseite, und Gott sey's gedankt, nur von der Aussenseite) daß man leicht auf den würcklichen fallen kann. Und wenn Ihr ihn so haben wolltet, mußtet Ihr ihn so zu ei-

> nem Klotze machen? Damit ihr etwa auf ihn stolz hintreten und sagen könntet, seht was ich für ein Kerl bin!"

Der Brief von Kestner muss so oder sehr ähnlich an Goethe gegangen sein, ob Charlotte selbst auch noch etwas dazu geschrieben hat, weiß ich nicht, vielleicht hat Kestner auch im Namen beider gesprochen. Jedenfalls: Goethes Antwort erfolgte sehr bald, etwas spitzfindig bringt er zum Ausdruck, dass diese Krise sie eigentlich nur noch fester zusammenschweißen würde:

> **Brief 107 von Goethe an Kestner und Lotte**
> **(Oct. 1774)**
> „Ich muß euch gleich schreiben meine Lieben, meine Erzürnten, dass mirs vom Herzen komme. Es ist gethan, es ist ausgegeben, verzeiht mir wenn ihr könnt. – Ich will nichts, ich bitte euch, ich will nichts von euch hören, biss der Ausgang bestätigt haben wird dass eure Besorgnisse zu hoch gespannt waren, biss ihr dann auch im Buche selbst das unschuldige Gemisch von Wahrheit und Lüge reiner an eueren Herzen gefühlt haben werdet. Du hast Kestner, ein liebevoller Advokat, alles erschöpft, alles mir weggeschnitten, was ich zu meiner

Entschuldigung sagen könnte; aber ich weis nicht, mein Herz hat noch mehr zu sagen, ob sichs gleich nicht ausdrücken kann.

Ich schweige, nur die frohe Ahndung muss ich euch hinhalten, ich mag gern wähnen, und ich hoffe, dass das ewige Schicksal mir das zugelassen hat, um uns fester an einander zu knüpfen. Ja, meine Besten, der ich so durch Lieb an euch gebunden bin, muss noch euch und euren Kindern ein Schuldner werden für die bösen Stunden, die euch meine – nennts wie ihr wollt, gemacht hat. Haltet, ich bitt euch, haltet Stand. Und wie ich in deinem letzten Briefe dich ganz erkenne Kestner, dich ganz erkenne Lotte, so bitt ich bleibt! bleibt in der ganzen Sache, es entstehe, was wolle. – Gott im Himmel man sagt von dir: du kehrest alles zum besten.

Und, meine lieben wenn euch der Unmuth übermannt, denkt nur denkt, dass der alte euer Goethe, immer neuer und neuer, und jetzt mehr als jemals der eurige ist."

Kestner brauchte jetzt jemanden, dem er sein Herz ausschütten konnte, sozusagen die Psychiater-Couch in literarisch. Er hatte noch aus Studienzeiten seinen Freund, Henning, mit dem er seine Gedanken teilte, aber die Korrespondenz war in letzter Zeit etwas eingeschlafen. Henning hatte wohl zuletzt noch einen Brief aus Wetzlar von Kestner erhalten, in dem Kestner ihm schrieb, dass er die Frau für das Leben gefunden habe, und dass sie auch gut mit Goethe befreundet seien, der wohl auch in Kestners Charlotte verliebt sei. Aber Charlotte hielte fest zu ihm, Goethe könne diese Beziehung nicht stören. Dann kam es lange nicht mehr zu weiterer Korrespondenz, aber – natürlich – alle hatten jetzt „Die Leiden des jungen Werther" gelesen, Henning auch, und der hatte eins und eins zusammengezählt und aus dem Buch geschlossen, dass Charlotte ihren Kestner vor die Türe gesetzt hat und sich Goethe zugewandt habe. Und schrieb Kestner einen Beileidsbrief, dass seine Beziehung gescheitert sei.

Das nun nahm Kestner zum Anlass, einen sehr persönlichen Brief (Kestner bat ausdrücklich darin, diesen Brief sofort nach dem Lesen zu vernichten!) an Henning zu verfassen. Erfreulicherweise hat der Sohn von Charlotte, Albert Kestner, die familiären Briefe, auch diesen, nach Charlottes Tod veröffentlicht und somit der Wissenschaft und Nachwelt erhalten.

Brief 108 Kestner an von Hennings
Hannover, 7. November 1774

Ihren Brief, Liebster Freund, würde ich
nicht verstehen, wenn ich es nicht längst
vorausgesehen hätte, daß die Leiden
des jungen Werthers den Mißverstand
erregen würden, den ich aus Ihrem Briefe
in Berlin gewahr wurde. Aber warum war
nicht mein erster Ausruf: "Ich bin glücklich wie man es in der Welt seyn kann!
Ich bin nicht zu bedauern, wenigstens
nicht in dem Verstande, wie Sie meynen.
Ich traure nicht." – Mit einem Worte, es
ist alles Irrthum, und es geht mir nahe,
daß dieses Sie betrüben müße. Ich will
Ihnen, so viel wie möglich das Räthsel
auflösen. Hätten Sie meinen Brief, den
ich vor ohngefähr einem Jahre von hier
schon an Sie nach Berlin geschrieben,
erhalten, so hätte es zu dem Irrthum
wahrscheinlich nicht kommen können.
Er muß aber verloren gegangen seyn.
Ich bin schon seit mehr als 1 ½ Jahren
nicht mehr zu Wetzlar, sondern hier als
königlicher Archiv-Secretair. Ehe ich aus
Wetzlar gereiset, 2 Monat vorher, bin
ich mit meinem Lottchen auf ewig verbunden, und es war mir wohl, als ich es
war, und bin es noch. Darauf führte ich
Lottchen in meinem Herzen im Triumph

hierher. Sie war aufgenommen, wie sie es verdiente. Zu Wetzlar war ich meiner Stelle müde, ich suchte daher, zurückberufen zu werden, und erhielt die jetzige Stelle, die zwar noch nicht viel einträgt, die ich aber doch gern annahm, um erst wieder hierher zu kommen. Bald nachher erhielt ich einen Brief über Wetzlar von Ihnen. Ich antwortete bald und schrieb Ihnen meine ganze Geschichte. Ich schickte diesen Brief an den Churbrandenburgischen Legations-Secretair Ganz zu Wetzlar; der ihn aber nicht bestellt haben muß, oder er ist sonst verloren. Nunmehr erwartete ich längst eine Antwort und war immer im Begriff noch einmal zu schreiben, denn Sie sind noch immer mein erster Freund, und ich Ihnen ganz der nämliche, der ich immer war. Zu Wetzlar habe ich nur einen gefunden, den ich Ihnen gleich nachsetze; sein Name ist schon bekannt genug, er heißt Goethe. Sie können es daraus schliessen, daß er mir mit den Leiden des jungen Werthers, ohne Vorsatz jedoch, und in seiner Autor-Wärme, oder Etourderie [franz. = Leichtfertigkeit], keinen angenehmen Dienst gethan hat, indem mich vieles darin verdrießt, so wie meine Frau auch, und der Erfolg uns doppelt verdrießt: Aber dennoch bin ich geneigt es ihm zu verzeihen; doch er soll es nicht wissen, damit er sich künftig in Acht nimmt. Im Vertrauen will ich Ihnen dieses und die Geschichte des Werthers näher erklären, wovon Sie aber nur einen behutsamen Gebrauch machen sollen; doch aber bitte ich einigen Gebrauch davon zu machen.

Im ersten Theile des Werthers ist Werther Goethe selbst. In Lotte und Albert, hat er von uns, meiner Frau und mir, Züge entlehnt. Viele von den Scenen sind ganz wahr, aber doch zum Theil verändert; andere sind, in unserer Geschichte wenigstens, fremd. Um des zweyten Theils Willen, und um den Tod des Werthers vorzubereiten, hat er im ersten Theile verschiedenes hinzugedichtet, das uns gar nicht zukömmt. Lotte hat z.B. weder mit Goethe, noch mit sonst einem anderen in dem ziemlich genauen Verhältniß gestanden, wie da beschrieben ist; Dieß haben wir ihm allerdings sehr übel zu nehmen, indem verschiedene Nebenumstände zu wahr und zu bekannt sind, als daß man nicht auf uns hätte fallen sollen. Er bereut es jetzt, aber was hilft uns das. Es ist wahr, er hielt viel von meiner Frau; aber darin hätte er sie getreuer schildern sollen, daß sie viel zu klug und zu delicat war, als ihn einmal so weit kommen zu lassen, wie im ersten Theile enthalten. Sie betrug sich so gegen ihn, daß ich sie weit lieber hätte haben müssen, als sonst, wenn dieses möglich gewesen wäre. Unsere Verbindung ist auch nie declarirt gewesen, zwar nicht heimlich gehalten; doch war sie viel zu schamhaft als es irgend jemanden [sic] zu gestehen. Es war auch keine andere Verbindung zwischen uns, als die der Herzen. Erst kurz vor meiner Abreise, (als Goethe schon ein Jahr von Wetzlar war, zu Franckfurt, und der verstellte Werther ½ Jahr todt war) vermählten wir uns. Hier erst, nach Verlauf eines ganzen Jahres, seit unseres Hierseyns, wurden wir Vater und Mutter. Der liebe Junge lebt noch, und macht uns Gottlob viel Freude. Sonst ist in Werthern viel von Goethe's Character und Denkungsart, Lottens Portrait ist im ganzen das von meiner Frau. Albert hätte ein wenig wärmer seyn mögen.

So viel vom ersten Theile. Der zweyte geht uns gar nichts an. Da ist Werther der junge Jerusalem; Albert der Pfälzische Legations-Secretair, und Lotte des letztern Frau; was nämlich die Geschichte anbetrifft, denn die Charactere sind diesen drey Leuten größtentheils

nur angedichtet. Von Jerusalem wußte aber der Verfasser seiner vorherigen
Geschichte vermuthlich nicht, darum
schickte er die im ersten Theile voraus,
und setzte verschiedenes hinzu, um den
Erfolg des zweyten Theils wahrscheinlich zu machen, und diesem mehreren
Anlaß zu geben. Der Albert des zweyten Theils war freilich etwas eifersüchtig,
aber stand doch nicht in dem Verhältniß
mit seiner Frau, wie da beschrieben ist.
Seine Frau ist ein sehr hübsches, sanf-
tes, gutes Geschöpf; aber nicht das Leben in ihr, was ihr da beygelegt wird; sie
war auch zu der kleinen Untreue nicht
einmal fähig, und auch sie bezog sich
viel eingezogener gegen Jerusalem, der
sie freilich sehr liebte, aber doch im belei-
digten Ehrgeiz, mehr als in der unglück-
lichen Liebe den Grund zu seinem letzten Entschlusse fand. Er beredete aber
sich vielleicht selbst, daß das Letzte die
Hauptursache sey, und die letzte Veran-
lassung ist die Liebe selbst gewiß gewesen. Es ist zwar wieder wahr daß ich ihm
die Pistolen dazu hergeliehen. Aber daß
er sie dazu mißbrauchen würde, ließ ich
mir nicht einmal träumen. Ich kannte ihn
nur wenig, und meine Frau noch weniger; denn er entfernte sich die mehrste
Zeit von den Menschen. Ich wußte von

93

seinen Grundsätzen nichts; und von seiner Liebes=Geschichte nur, was das Pubnlicum wußte; das war nicht viel. Er war nur zwey Mal bey mir gewesen, und bey dieser Gelegenheit hatte er vielleicht die Pistolen bey meiner Cammerthür hängen sehen. Er schrieb mir das eingerückte Billet würklich, und aus Höflichkeit schickte ich ihm die Pistolen, ohne Bedenken. Sie waren nicht geladen, ich hatte nie damit geschossen. – Er war ein guter melancholischer Junge; aber das hätte sich niemand von ihm träumen lassen; es hat auch mir niemand verdacht.

Diese Jerusalemische Geschichte, die ich möglichst genau erforschte, weil sie merkwürdig war, schrieb ich mit allen Umständen auf, und schickte sie Goethen nach Franckfurt; er hat denn den Gebrauch im zweyten Teil seines Werthers davon gemacht, und nach Gefallen etwas hinzugethan.

Sie sehen also, daß Sie mich ohne Ursache bedauert haben; und ob wir gleich sehr ungern durch das Buch in das Gespräch des Publicums auf solche Art kommen, so freut uns doch, daß es ohne Grund geschieht, und Dank seys dem Höchsten, wir glücklich, zufrieden und vergnügt mit einander gelebt haben und noch leben. Ein geheimer Schrecken überfällt mich manchmal, wenn ich denke, diese Welt, und in so glücklicher Ehe! Darum ertrage ich gern, wenn ich es mir übrigens ein wenig sauer werden lassen muß, da mein Vater inzwischen verstorben ist, meine Einnahme nicht groß, der Aufenthalt hier kostbar ist. Ich nehme dieses gern als ein kleines Gegengewicht unseres Glückes an, zumal da es mir noch an nichts gefehlt hat, und noch nicht fehlet, auch meine Praxis immer etwas zunimmt, und die Aussicht zu besseren Umständen da ist.

Als Goethe sein Buch schon hatte drucken lassen, schickte er uns ein Exemplar, und meinte Wunder was er für eine That gethan hatte. Wir aber sahen es gleich voraus, wie der Erfolg seyn würde, und Ihr Brief bestätigt eine Art unserer Prophezeihung. Ich schrieb ihm und zankte sehr. Nun sah er erst ein was er gethan hatte; das Buch war aber schon an die Buchführer gelangt, und er hoffte noch, daß wir uns geirrt haben sollten.

Ehe ich weiterschreibe, bitte ich Sie inständigst diesen Brief gleich zu verbrennen; wenn er verloren gienge, so bekämen wir eine neue Auflage mit Anmerkungen. Ich habe mir vorgenommen, mich künftig zu hüten, daß ich keinem Autor etwas schreibe, was nicht die ganze Welt lesen darf.

Nun aber ersuche ich Sie, bey Mendelsohn und sonst zu äussern, daß Sie gewiß wüßten, daß in dem Buche die Jerusalemische Geschichte hauptsächlich zum [sic] Grunde liege. (Dieß ist wahr, und dem Todten gleichgültig.) Allenfalls können Sie hinzusetzen, daß die Charaktere zum Theil wahr wären, aber nicht in der Maaße, daß der tragische Erfolg daraus fließen könne. Wenn uns jemand kennt, so suchen Sie das Nachtheilige, das im Buche von uns liegt, von uns abzuwenden. Meiner Frau Bild ist in dem, was an Lotten liebenswürdig und untadelhaft ist, getreu. Schliessen Sie daraus, wie natürlich es zugegangen, daß ich sie lieben mußte, da ich sie in ihrer unerfahrenen Jugend kennen lernte. Wenn ich von ihr hätte lassen müssen; so stehe ich nicht dafür, ob ich nicht Werther geworden wäre. Darin erkenne ich mich in Albert nicht.

Sagen Sie aber, was soll ich bey der Geschichte anders thun, als sie übersehen. Zu redressieren ist sie nicht. Goethe hat's gewiß nicht übel gemeint; er schätzte dazu meine Frau und mich zu hoch ein. Seine Briefe und seine anderen Handlungen beweisen es. Er betrug sich auch viel größer, als er sich im Werther zum Theil geschildert hat. Übrigens kann uns die Geschichte bey denen, die uns nur halb kennen, nicht schaden. Der Augenschein ist zu sichtbar für uns, da unser gutes Verständnis untereinander bekannt ist.

Kurz nach diesem langen Brief von Kestner an seinen Freund Hennings kam eine Rückantwort von Goethe.

Dieser Brief, mit dem Goethe wohl die Kestners auch etwas „einschüchtern" wollte, ist ein Meisterstück der Manipulation – zum einen die Herausstellung der gemeinsamen guten Beziehung zueinander. Dem zur Seite gestellt wird dann aber auch eine gewisse Arroganz, mit der angedeutet wird, dass der Dichter sich auf einer Ebene bewegt, der das Ehepaar Kestner nicht folgen kann, und die es zu akzeptieren hätte. Zugleich macht er ihnen Versprechungen für die Zukunft, bei denen ich mir nicht vorstellen kann, dass er je bereit gewesen wäre, diese auch einzulösen. Und zum Schluss bekommen sie ein paar Belohnungen in Aussicht gestellt, wenn sie brav sind.

Ich meine aber, dem Brief auch hintergründig entnehmen zu können, dass Goethe emotionaler als sonst war, manche Gedanken sind wieder abgerissen. Die korrekte Rechtschreibung fand bei dem Legastheniker Goethe hier noch weniger Berücksichtigung als sonst, manches wird dadurch sogar schwer verständlich. Und so manche Stellen sind pathetischer als sonst üblich. Es ist zu vermuten, dass auch Goethe diesen Brief sehr viel aufgewühlter als sonst geschrieben hat, aber auch ein Ziel vor Augen hatte, wohin er die Kestners drängen wollte, um sie dort „mundtot" zu machen. Und – es scheint ihm geglückt zu sein.

Brief 109 von Goethe an Kestner 21. Nov. 1774

Da hab ich deinen Brief, Kestner! An einem fremden Pult, in eines Malers Stube, denn gestern fing ich an in Öl zu malen, habe deinen Brief und muss dir zurufen Dank! Dank lieber! Du bist immer der Gute! – O könnt ich dir an Hals springen, mich zu Lottens Füssen werfen, Eine, Eine Minute, und all, all das sollte getilgt, erklärt seyn was ich mit Büchern Papier nicht aufschliessen könnte! -O ihr Ungläubigen würde ich ausrufen! Ihr Kleingläubigen! Könntet ihr den tausendsten Theil fühlen, was Werther tausend Herzen ist, ihr würdet die Unkosten nicht berechnen, die ihr dazu hergebt! Da lies ein Blättgen, und sende mirs heilig wieder, wie du hier drinnen hast. – Du schickst mir Hennings Brief, er klagt mich nicht an, er entschuldigt mich. Bruder lieber Kestner! wollt ihr warten, so wird euch geholfen. Ich wollt um meines eignen Lebens Gefahr willen Werther nicht zurückrufen, und glaub mir, glaub an mich, deine Besorgnisse, deine Gravamina [lat. = Beschwerden] schwinden wie Gespenster der Nacht wenn du Geduld hast, und dann – binnen hier und einem Jahr versprech ich euch auf die **lieblichste, einzigste, innigste** Weise alles, was noch übrig seyn mögte von Verdacht, Missdeutung etc. im schwäzzenden Publikum, obgleich das eine Heerd Schwein ist, auszulöschen. Wie ein reiner Nordwind, Nebel und Dufft. – Werther muss – muss seyn! – Ihr fühlt **ihn** nicht, ihr fühlt nur **mich** und **euch**, und was ihr **angeklebt** heisst – und trutz euch – und andern - eingewoben ist – Wenn ich noch lebe, so bist dus dem ichs danke – bist also nicht Albert – Und also –

Gib Lotten eine Hand ganz warm von mir, und sag ihr: Ihren Nahmen von tausend heiligen Lippen mit Ehrfurcht ausgesprochen zu wissen, sey doch ein Aequivalent gegen Besorgnisse, die einem kaum ohne alles andere im gemeinen Leben, da man jeder Baase ausgesetzt ist, lange verdriesen würden.

Wenn ihr brav seyd und nicht an mir nagt, so schick ich euch Briefe, Laute, Seufzer nach Werthern, und wenn ihr Glauben habt, so glaubt dass alles wohl seyn wird, und Geschwäz nichts ist, und beherzige deines Philosophen Brief – den ich geküsst habe –

- O du! – hast nicht gefühlt wie der Mensch dich umfasst, dich tröstet – und in deinem, in Lottens Werth Trost genug findet, gegen das Elend das schon euch in der Dichtung schröckt. Lotte, leb wohl – Kestner du – habt mich lieb – und nagt mich nicht –
    G.

Das Billet keinem Menschen gezeigt! unter euch beyden! Sonst niemand sehe das! Adieu ihr lieben! Küsse mir Kestner deine Frau und meinen Pathen

Und mein Versprechen bedenkt. Ich allein kann erfinden, was euch völlig ausser aller Rede setzt, ausser dem windigen Argwohn. Ich habs in meiner Gewalt, noch ists zu früh! Grüss deinen Hennings ganz herzlich von mir.

Ein Mädchen sagte mir gestern, ich glaubte nicht, dass Lotte so ein schöner Name wäre! er klingt so ganz eigen in dem Werther.

Eine andre schreibt neulich; Ich bitt euch um Gotteswillen, heisst mich nicht mehr Lotte! – Lottgen, oder Lolo – wie ihr wollt -Nur nicht Lotte bis ich des Nahmens werther werde denn ichs bin.

O Zauberkraft der Liebe und Freundschaft.
Zimmermanns Billet nächstens. Es ist kalt, ich kanns nicht droben suchen.
Heut geht's aufs Eis, ihr lieben Ade
d. 21. Nov 1774

Ich kenne keine weitere Korrespondenz zu dem Thema zwischen den „Parteien", also Kestner und Lotte einerseits und Goethe andererseits. Kestner selbst hatte ja schon vor obigem letzten Brief gegenüber Hennigs angedeutet, dass er willens sei, die Sache nunmehr auf sich beruhen zu lassen – und Goethe mag ihn mit seinem Brief vom 21. November 1774 nachgerade erdrückt zu haben.

Der Briefwechsel zwischen Goethe und dem Kestner-Ehepaar bis kurz vor dem Tode von Kestner dauerte an, aber auf weniger persönlichem Niveau, und auch nur etwa ein bis zwei Briefe pro Jahr. Sie belanglos zu nennen, wäre wohl nicht ganz angemessen, jedoch spielen sie hier in dieser Zusammenstellung keine Rolle mehr.

Aber auch Goethe scheint die Auseinandersetzung näher gegangen zu sein, als er zeigte:
Gegenüber Johann Peter Eckermann gestand Goethe in einem viel späteren Gespräch am 2. Januar 1824, das Buch nach seinem Erscheinen nur einmal gelesen zu haben und es seitdem zu meiden. So sah er darin „lauter Brandraketen" und fürchtete „den pathologischen Zustand wieder durchzuempfinden, aus dem es hervorging".

Ohnehin war dieser Sommer 1774 nochmals eine aufregende Zeit, in der Goethe und die beiden „anderen" nochmals in einer problematischen Beziehung standen, danach aber liefen ihre Wege für viele Jahre auseinander. „Für viele Jahre" soll aber andeuten, dass wir Jahrzehnte später nochmals an diese Zeiten erinnert werden, aber bis dahin soll, allerdings in komprimierter Form, der Lebensweg des Ehepaars Kestner aufgezeigt werden – jetzt losgelöst von Goethes weiterem Werdegang. Und damit kommen wir zu sehr viel alltäglicheren Abläufen, die allerdings interessante Einblicke in das Alltagsleben der damaligen Zeit liefern.

Als das Ehepaar Kestner 1773 nach Hannover zog, mussten sie erst einmal bei Mutter Kestner unterkommen. Es war sicherlich nicht einfach, denn die Schwiegermutter von Charlotte ließ es sich natürlich nicht nehmen, dass sie und nur sie den Haushalt zu führen hätte. Auch die Ankunft des ersten Enkelsohnes änderte nichts daran.

Ende 1775 war aber Kestners Gehalt auf 800 Taler gestiegen, und er schrieb seiner Mutter einen ausführlichen Brief, warum er nicht länger bei ihr im Haushalt mitwohnen wolle. Immerhin war die junge Familie jetzt auch schon zu viert!

Die erste eigene Wohnung war nun in der Aegidienneustadt, im Haus des Pferdearztes Sander, Große Aegidienstr. 5 (wobei seinerzeit die Nummerierungen noch nicht nach Straßen erfolgten), sie war das Nachbarhaus zur Aegidienstr. 4, wo Charlotte als Witwe gegen Ende ihres Lebens ihre letzte Zeit verbrachte.

Aber die Familie wuchs schnell, und natürlich wuchs die Wohnung nicht mit, so dass schon im Sommer 1779 eine neue, größere Wohnung angemietet wurde, erfreulicherweise war inzwischen auch das Gehalt von Kestner soweit angestiegen, dass man sich das nun leisten konnte.

Jedoch, die Familie hörte nicht auf zu wachsen – also nochmals, im Herbst 1784, war ein erneuter Umzug fällig, und Kestner mietete den ersten und auch den zweiten Stock eines damals neu erbauten Hauses (Ecke Große Wallstraße und Georgsplatz). Und auch die fünf Kinder, die nach dem Umzug zur Welt kamen, fanden nun in den Räumen ausreichend Platz, so wurde gegen Ende des 18. Jahrhunderts die Wohnung (in zwei Stockwerken) von den Eltern mit zehn Kindern bewohnt.

Und ein paar Monate vor diesem Umzug erfüllte sich die Familie einen Traum. Lotte war ja aus Wetzlar viel Natur und freie Felder gewohnt, sie hatten dort Raum im Freien und auch Gärten, um Obst und Gemüse zu ernten, aber jetzt fand sie sich in Hannover in einer Stadtwohnung wieder, eine Umgebung, mit der sie nicht so gut zurechtkam. Aber 1784 hatte Kestner dann einen Garten vor den Toren von Hannover erworben. Es scheint eine günstige Gelegenheit gewesen zu sein, Lottes Vater meinte, in Wetzlar hätte alleine das Gartenhäuschen mindestens so viel gekostet wie hier das ganze Anwesen. Dieses Gartenhaus wurde noch umgebaut, so dass es im Sommer für die ganze Familie als Übernachtungsmöglichkeit geeignet war, und später, als die Kinder größer waren und nicht mehr betreut werden mussten, verbrachte Lotte manchmal den ganzen Sommer draußen in der Natur. Auch die Kinder liebten den Garten, jedes bekam auch sein eigenes Beet – kurz, diese Möglichkeit, die Zeit im Freien verbringen zu können, war ein Geschenk für die ganze Familie. Er muss aber auch sehr viel Platz geboten haben, überliefert ist, dass er so viel Gemüse, Beeren und Steinobst lieferte, dass es über den eigenen Verbrauch hinaus auch noch zum Weiterverkauf reichte. Mohn wurde angebaut, um Öl zu gewinnen. Sie hatten auch eine eigene kleine Baumschule, um Nachwuchs für die Obstbäume zu haben, 1806 wurde sogar eine ganze Allee von 40 Apfelbäumen gepflanzt. In einem Flügel des Gartenhauses (scheint ja schon fast eine Art Gartenschlösschen gewesen zu sein) war eine Familie untergebracht, die die Pflege des Gartens übernahm und auch die zwei Kühe, die Schweine und die Anpflanzungen von Weizen, Erbsen und Bohnen als Mastfutter für die Schweine betreute. Also, ein kleines Schrebergärtchen hätte anders ausgesehen, das hier war zumindest ein Anwesen, eher zwischen Gehöft und Rittergut anzusiedeln.

1778 entschloss sich Charlotte, die Reise von Hannover nach Wetzlar auf sich (und die Familie) zu nehmen, um die Heimatstadt und dortige Familie wiederzusehen. Sie wollte ein paar entspannte Sommermonate (soweit es so etwas bei der Familiengröße überhaupt gab) dort verbringen, also packte sie in den engen Reisewagen Anfang Juni Ehemann, ihre Schwester, die für ein Jahr bei Charlotte in Hannover gewohnt hatte und nun nac Hause zurückkehrte, und ihre Söhne Georg (4 Jahre), Wilhelm (3 Jahre), Carl (1 Jahr, 7 Monate) und August (6 Monate). Die Reise nach Wetzlar dauerte fünf Tage.

Es gab ein sehr gefühlvoll aufgeladenes Wiedersehen

mit dem Vater und auch mit den anderen Verwandten, aber die Stadt war jetzt nicht mehr die Stadt, die sie vor fünf Jahren verlassen hatte. Damals war sie die Stadt des Reichskammergerichts, jetzt – Reichskammergericht, wen interessiert das noch – war sie die Werther-Stadt. Und wer verkörperte den Roman um die Leiden des jungen Werthers in allererster Linie? Goethe? Nein - die wirklich emotionale Figur war Lotte. Und die war jetzt leibhaftig da!!!

Ob sie selbst und auch ihre Familie diese Publizität verspürt hat, ist nicht überliefert. Zwei Monate später ging es wieder zurück nach Hannover, aber vor allem Kestner selbst, den seine Arbeit ziemlich belastete, hatte diese Auszeit gutgetan. Seine Probleme lagen weniger in dem Arbeitspensum als vielmehr in der Frustration, dass er als Archivsekretär für die Bezahlung als niederrangiger Mitarbeiter die gesamte Arbeit zu erledigen hatte, während die hochbesoldete Stellung des Archivars von irgendeinem verknöcherten, aber ahnungslosen Geheimrat neben vielen anderen Tätigkeiten zusätzlich wahrgenommen wurde, der aber jegliche Amtshandlung an seinen Sekretär übertrug (nur das Gehalt nicht).

Auch in den kommenden Jahren ist die schwierige finanzielle Situation der Familie eine Quelle ständiger Sorgen, unter denen auch die Gesundheit Kestners zunehmend leidet. Bezeichnend ist ein Brief, den Kestner an einen Bekannten schreibt, bei dem der älteste Sohn Kestners in Göttingen als angehender

Student eine Bleibe findet:

„Er ist weder Kaffee noch Thee noch Milch, auch nicht des Morgens gewohnt; auch kein Bier noch gewöhnlich Wein. Morgens ein Stück Brot und ein Glas Wasser, hernach 10 oder 11 Uhr wieder ein Stück Brot und Nachmittags dergleichen, Abends Butterbrot, mit abwechselnd Suppe oder Kartoffeln; das war seine Nahrung. Ich wünschte, daß er diese Weise beibehielte, obwohl ich nicht dafür stehen will, daß ihn Beispiel und Freiheit das ein oder anderes ihn zu verändern veranlassen mögte. Er schläft nicht weich, steht früh auf."

So sah damals studentische Freiheit aus!

Die 80iger Jahre und auch der Beginn der 90iger Jahre des 18. Jahrhunderts standen bei Kestners stets unter dem unseligen Stern des Geldmangels. Nur die „Auslandsreisen", vor allem nach Frankfurt, die Kestner machen musste, halfen etwas weiter, da die „Auslandszulagen" hilfreich waren – aber dafür war in dieser Zeit, und es waren oft Monate, die Familie getrennt. Erst nach 1790 entspannte sich das Problem, nachdem der soeben ernannte Kaiser Leopold II. der Wahldeputation aus Hannover 200 Dukaten überwiesen hatte, die Kestner zustanden und dieser auch erhielt.

Schon vor dieser Zeit hatte auch Charlottes Vater mehr und mehr Sorgen. Seit Jahren hatte er eine ganze Schar von halbwüchsigen Kindern zu hüten, nebenbei zu arbeiten, und seine zweitälteste Tochter, die das gute Händchen für die Kindererziehung hatte, war fünf Tagesreisen entfernt. Bereits 1783 schrieb er an seinen Schwiegersohn Kestner, der für ihn wie ein ruhender Pol war und dessen sachlich-rationale Herangehensweise an Probleme ihm viel Vertrauen einflößte:

> „Bester Herr Sohn! Ohne Mutter Mädger in der Ordnung zu erhalten, damit ihre Reputation nicht leidet, und dabei die Buben zu erziehen, ist eine Last vor einen [sic] Vater, der seine Amtsgeschäfte hat, mehr als Centner schwer. Gott wolle helfen."

Und weiter heißt es im Text:

> „Alle Abend versammelt sich eine Menge junger Herren in meinem Haus zu meinem größten Mißfallen, ich mag deswegen nicht ausgehen, damit solche nur in Respekt erhalte [sic], denn unter der ganzen Gesellschaft ist nicht ein einziger, bei dem man denken könnte, daß solcher Absicht zu einer Heirat haben könnte. Denn es sind meist Katholiken."

1784 hatten Kestners ja in Hannover die größere
Wohnung bezogen, und bald kam denn auch der
Vater mit seinem Enkel Karl, der ein Jahr in Wetzlar
bei ihm gewesen war. Und auch eine seiner Töchter,
Amalie, brachte er mit, die dann für drei Jahre bei
Kestners, also ihrer älteren Schwester, blieb. Für den
Vater war die heile Familie in Hannover mit der Kinderschar eine ganz andere Welt, die seiner Seele gut-
tat, er hing sehr an seinen Enkelkindern und ließ sich
auch brieflich immer berichten, wie sich die Familie
weiterentwickelte, und er schrieb z.B. an Kestner:

> „Ich muß Ihnen aufrichtig versichern,
> daß mir die guten Nachrichten von die-
> sen lieben Buben dermalen das größte
> Glück in meinem Alter machen und mich
> in müßigen Stunden mit deren Andenken
> unterhalte."

Wenn auch nur aus der Ferne, es war ihm das Fami-
lienleben in seinen späten Jahren sehr wichtig. Am
2. Januar 1795 verstarb Heinrich mit 85 Jahren, bis
zuletzt in seinem Amte tätig und nie ernstlich krank
gewesen.

Kestners Gesundheit hingegen war sehr labil, er hatte
Schwächeanfälle und litt unter beständigen Schmer-
zen, ohne dass ihm geholfen werden konnte. Eine
Diagnose habe ich in den historischen Unterlagen
nicht finden können, aber die Reisen, die er zu ma-

chen hatte, fielen ihm zunehmend schwerer. Im Mai 1800 hatte er dienstliche Geschäfte in Lüneburg, wobei er von seinem ältesten Sohn Georg begleitet wurde. Von der Reise berichtete er brieflich nachhause, dass es ihm so gut ginge wie schon lange nicht mehr. Er fühlte sich wohl, verstarb aber unerwartet am 24. Mai 1800 in Lüneburg und wurde auch dort in der Fremde beigesetzt.

Nach Kestners Tod

Der Tod Kestners kam zwar nicht völlig unerwartet, letztlich aber doch überraschend. Er hatte schon mehrere Jahre gekränkelt. Aber nun musste Charlotte, mit 47 Jahren soeben verwitwet, einen Weg finden, die Familie alleine weiterzuversorgen. Nach dem ersten Schock ordnete sie erst einmal pragmatisch die hinterbliebenen Kinder:

Ihr ältester Sohn Georg Heinrich war inzwischen schon 25 Jahre alt, aber der jüngste, der kleine Fritz, mehr als 20 Jahre jünger. Hilfreich bei dieser Lage war, dass die allgemeine Beliebtheit von Kestner und seine Anerkennung sich auch jetzt darin spiegelten, dass für Lotte eine Pension in Höhe von 300 Talern – in damaliger Zeit eine außergewöhnlich hohe Summe – beantragt worden war. Zudem sollte der Sohn Georg Heinrich für seine Arbeit in der Behörde weiterhin einen großen Teil der väterlichen Besoldung erhalten sollte. Und Georg Heinrich war auch tatsächlich eine große Hilfe für die jetzt alleinstehende Mutter. Er unterstützte seine jüngeren Brüder Wilhelm (24 J.) und Theodor (21 J.), die beide kurz vor dem Abschluss ihrer Studien standen.

Seinen Bruder Carl (23 J.), der eine kaufmännische Ausbildung hatte und schon in Arbeit und Brot stand, bat er, Eduard (15 J.) unter seine Fittiche zu nehmen. Eduard hatte gerade eine Kaufmannslehre in einem Frankfurter Geschäft begonnen.

Lotte selbst brauchte all ihre Kraft und Energie, um sich durch den Nachlass hindurchzukämpfen. Es gab alte 30 Jahre zurückliegende Erbauseinandersetzungen, die Papiere und Briefe mussten durchgesehen werden, und natürlich auch die Korrespondenz mit den Kindern, Verwandten und Freunden abgewickelt werden. Auch die Auflösung der Kestnerischen Rechtsanwaltskanzlei wird viel Aufmerksamkeit beansprucht haben. Aller Briefverkehr musste natürlich damals per Hand geschrieben werden.

Besonders aber nahmen sie die jüngeren Kinder in Anspruch, die sie alle nicht mehr in dem gebotenen Maße betreuen konnte. Hermann (13 J.) wurde im Hause eines befreundeten Ehepaars in Hannover in deren Haushalt wie ein eigenes Kind erzogen.

Damit war für sechs der Kinder gesorgt, nur die vier kleinsten waren noch zuhause, aber auch dieser Herausforderung fühlte sich Charlotte, die nun ganz auf sich gestellt war, nicht gewachsen.

Drei Mädchen, Dorothee Sophie Charlotte (11 J.), Louise Amalie (8 J.) und Clara Johanne (6 J.) und der kleine Fritz (4 J.) waren noch bei ihrer Mutter. Louise war ein schwächliches Kind, ihr Gesundheitszustand machte der Mutter viele Sorgen, und Charlotte entschloss sich, sie zu einer befreundeten Familie aufs Land zu geben in der Hoffnung, dass die dort bessere Luft ihr gut tun würde. Auch im weiteren Verlauf war

Charlotte bestrebt, die Widerstandskaft von Louise zu fördern, aber schon 1804, mit 13 Jahren, verstarb Louise, ein damals schwerer Schlag für die Mutter.

Und irgendwie war wohl auch Charlotte unwohl bei dem Gedanken, den Sohn Fritz aufziehen zu müssen. Er kam zu einem der Familie seit langem bekannten Rektor in Sulingen. Nur sehr ungerne hatte die Mutter ihren Jüngsten von sich gelassen, sie schrieb an ihren Bruder Hans:

> „Dies ging mir sehr nah, ich thue es aber zu seinem Besten; mit den drei kleinen Mädgen will ich wohl fertig werden, aber ein gescheuter, munterer Knabe von fünf Jahren bey einer Mutter, die so viel zu thun hat als ich, dies ging nicht an."

Aber jetzt ist ein guter Augenblick, einen Blick in die Zukunft zu werfen, um kurz zusammenzufassen, was aus den Kindern, wie man so schön sagt, „geworden ist".

Georg Heinrich Friedrich Wilhelm Kestner (01.05.1774 in Hannover – 25.10.1867 in

Hannover) folgte den Fußspuren seines Vaters, er wurde Archivar. In der Zeit der französischen Besetzung Hannovers gründete er ein Bankgeschäft, das er, zeitweilig zusammen mit seinem Sohn Hermann, zu einem erfolgreichen Unternehmen ausbauen konnte. Damit konnte er es sich leisten, als Sammler von Kunstwerken und Autographen Bedeutung zu erlangen. Es ist auch noch ein Kinderbild von ihm erhalten, diese Kinderbilder ließen Kestner und Charlotte offensichtlich für die Verwandtschaft anfertigen.

Und, hier in dieser Zusammenstellung, soll eine weitere persönliche Leistung Georgs nicht verschwiegen werden: Er hatte einen Schwiegersohn, Georg Ludwig Friedrich Laves und ist über diesen mit mir, dem Verfasser, familiär verbunden.

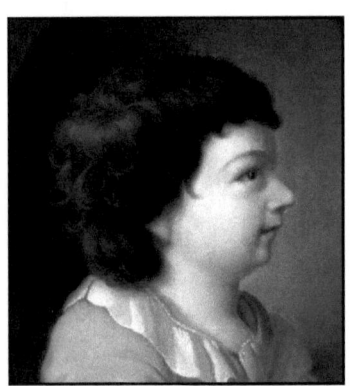

Wilhelm Georg Konrad Arnold Kestner (02.05.1775 in Hannover – 22.11.1848 in Bremen) wurde königl. hannoverscher Amtmann und heiratete 1810 Luise Iffland, die Tochter des Bremer Bürgermeisters Christian Iffland und Nichte des Schauspielers August Wilhelm Iffland, heute noch bekannt als Stifter des Iffland Ringes. Von ihm war nur noch ein Kinderbild aufzufinden,

Philip Carl Kestner (23.10.1776 in Hannover – 04.06.1846 in Thann, Elsass) war Chemiefabrikant und hatte eine Produktion in Thann im Elsass aufgebaut. Er war der erste Großunternehmer in dieser Gegend.

Georg August Christian Kestner (28.11.1777 in Hannover – 05.03.1853 in Rom) war Jurist (zum Zeitpunkt des Todes seines Vaters Vernehmungsrichter am Hofgericht in Hannover), kam dann aber in den diplomatischen Dienst und war nach erfolgreicher

Karriere hannoverscher Gesandter in Rom, wo er zugleich die englischen Interessen vertrat. August war ein bedeutender Kunstwissenschaftler, Archäologe und Sammler, sein Leben und seine Verdienste würden eine weitere mindestens ebensogroße Biografie wie diese hier füllen. Erwähnenswert ist noch, dass er Goethe sehr unterstützte, als dessen Sohn August von Goethe 1830 in Rom verstarb. August Kestner kümmerte sich intensiv um die Abwicklung und Formalitäten.

Theodor Friedrich Kestner (15.05.1779 in Hanno-

ver – 28.05.1847 in Frankfurt) studierte Medizin in Jena und Göttingen und ließ sich als Arzt in Frankfurt nieder, die Stelle erhielt er durch Vermittlung von Goethe, der von Charlotte angeschrieben wurde. Ein Foto von ihm konnte ich nicht finden, lediglich eine karikierende Skizze von Ludwig Emil Grimm von 1820.

Charlotte Albertine Friederike Dorothea Kestner (20.03.1783 in Hannover – 22.06.1785 in Hannover), die erste Tochter des Ehepaares Johann Kestner und

Charlotte verstarb schon als Kleinkind, noch zu Lebzeiten von Johann Kestner.

Eduard Kestner (21.06.1784 in Hannover – 11.06.1823 in Thann, Elsass) war Fabrikant in Thann zusammen mit seinem älteren Bruder Philip Carl. Eduard verstarb früh im Alter von 38 Jahren.

Zu Hans Ernst Hermann Septimus Kestner (11.08.1786 in Hannover – 31.01.1871 in Hannover) liegen keine Informationen vor.

Dorothee Sophie Elise Charlotte Kestner (17.09.1788 in Hannover – 21.05.1877 in Basel) heiratete einen Dannenberg, das Paar hatte mindestens ein Kind. Weitere Einzelheiten kenne ich nicht.

Louise Amalie Henriette Antoinette Kestner (01.08.1791 in Hannover - 18.04.1804 in Wetzlar) war von schwacher Gesundheit, was eine der großen Sorgen ihrer Mutter nach dem Tode von Kestner war, aber allen Bemühungen halfen letztlich nicht, sie starb schon mit 12 Jahren.

Clara Johanne Sophie Friederike Kestner (16.02.1793 in Hannover – 09.06.1866 in Hannover) verstarb unverheiratet, sie begleitete in den letzten Jahren oft ihre Mutter auf deren Reisen.

Franz August Friederich „Fritz" Kestner (16.04.1795 in Hannover - 05.01.1872 in Havre de Grace) ließ sich beruflich in Frankreich nieder. Weiteres ist mir nicht bekannt.

Hier das detaillierte Leben der einzelnen Kinder von Charlotte aufzuzeigen würde nicht mehr mit der Zielsetzung dieser Darstellung des Lebens von Lotte zusammenpassen, Als Quintessenz können wir nur festhalten, dass die Kinder, und auch später viele weitere Nachkommen (auch Neffen und Nichten) bedeutende Rollen in der Politik, Wissenschaft und Kunst innehatten. Es gibt also eine große Nachkommenschaft, und die Familie hat auch heute noch einen starken Zusammenhalt.

Jetzt aber begann eine schwere Zeit, nicht nur im Privatleben von Charlotte und ihrer Familie, sondern politisch, und gerade die Hannoveraner traf es besonders. Die napoleonischen Truppen wurden aggressiver und die politisch verantwortlichen Hannoveraner versuchten, jegliche militärische Auseinandersetzung zu vermeiden und die Konflikte auf dem Verhandlungsweg zu lösen. Die alten Geheimräte, in der Bevölkerung in Hannover spöttisch die „väterlichen Mütter des Vaterlandes" genannt, konnten jedoch die Aggressivität Napoleons nicht dämpfen, mit der Konvention von Sulingen vom 3. Juni 1803 wurde das Land den Franzosen ausgeliefert und besetzt. Der Oberbefehlshaber der französischen Truppen, General Mortier, zog mit etwa 2000 Soldaten am 5. Juni in Hannover ein.

Charlotte erlebte den Einmarsch nicht unmittelbar mit, sie war auf ärztlichen Rat mit der kränkelnden Louise mit Zwischenaufenthlt in Wetzlar nach Bad Ems gefahren, wo man sich eine Linderung der Beschwerden von Louise erhoffte. Die aus Hannover eintreffenden Nachrichten waren allerdings sehr beunruhigend, es gab zwar keine kriegerischen Auseinandersetzungen, aber das Kurfürstentum musste hohe Steuerabgaben bezahlen, und zudem wurden, vor allem in der Stadt, viele Soldaten einquartiert, und die wollten nicht schlecht leben. Das überließen sie lieber den Hannoveranern.

Nach zuerst sechs Wochen in Wetzlar fuhr Charlotte mit Louise nach Bad Ems, und die Bäder dort taten Louise sichtlich gut und bestärkten die Hoffnung, dass sie wieder gesund werden würde. Auch Charlotte nutzte die Gelegenheit für eine Badekur. Dort in Bad Ems lernte sie eine ältere Dame kennen, mit der sie Freundschaft schloss. In einem der Gespräche stellte sich heraus, dass es sich um die Schwiegermutter von General Mortier, dem Besatzer von Hannover, handelte.

Nach der Kur blieb Charlotte noch über den Winter bei ihrem Bruder Georg in Wetzlar, sozusagen als Kriegsflüchtling – es war eine schwierige Zeit, denn natürlich wurden, gleich nach französischer Besetzung, die Zahlungen von Beamtenbesoldungen, Pensionen und Renten eingestellt. Charlotte versuchte dementsprechend, mit einem gewissen Erfolg, sich während ihrer Zeit in Wetzlar finanziell irgendwie über Wasser zu halten und ließ in Hannover Drell (ein besonders dichtes Gewebe, häufig verwendet für Matratzenbezüge) und Servietten weben, die sie dann an bekannte Familien in Frankfurt verkaufte. Damit verdiente sie etwa so viel, wie sie das Leben in Wetzlar kostete.

Der Sohn Theodor hatte in Jena und Göttingen Medizin studiert, sich dann in der Nähe seiner Brüder in Straßburg niedergelassen, war aber etwas im Disput mit seiner Mutter. Theodor wollte gerne eine Studienreise nach Paris machen, aber Charlotte konnte sich mit dem Gedanken nicht anfreunden. Zum einen hatte sie natürlich die Kosten im Blick und zudem war man ja gerade in Hannover wirklich nicht sonderlich gut auf die Franzosen zu sprechen. Aber letztlich gab sie dem Drängen doch nach, und vom Sommer 2003 bis zum Jahresende war Theodor in Paris, während Charlotte ihren Aufenthalt in Frankfurt nach der Emser Zeit darauf verwendete, Beziehungen zu knüpfen, damit Theodor danach als Arzt nach Frankfurt kommen könnte, wenn er aus Paris zurückkehrt war. Denn so einfach ging das damals nicht! Um als Arzt in Frankfurt eine Praxis zu eröffnen und zudem Frankfurter Bürgerrechte zu erlangen, benötigte er die Einwilligung des Rates, etwa 40 Stimmen - und zudem musste er sich verpflichten, eine Frankfurter Bürgerstochter zu heiraten. Nun, auch das schaffte Charlotte alles, sie fand Zugang zu den wichtigsten Personen des Rates und suchte eine

Schwiegertochter aus, ein 15jähriges Mädchen, Tochter einer reichen Witwe. Und um Theodor auch den Zugang zu einflussreichen Frankfurter Bürgern zu ermöglichen, wandte sie sich, etwas widerstrebend, am 15. Oktober 1803 an Goethe und bat ihn um Vermittlung. Goethe reagierte auch sogleich, er setzte sich für Theodor ein und kannte auch die richtigen Persönlichkeiten, die er ansprechen musste.

Und sicherlich dank der Aktivitäten von Goethe war die Bewerbung von Theodor erfolgreich, was anscheinend einige Honoratioren der Stadt in Erstaunen versetzt hatte – aber der Weg war geebnet, und zu späterer Zeit wurde Theodor auch noch den Titel „Professor" verliehen und er besetzte die Position eines Stadtphysikus. Und in neuester Zeit bekam er auch noch einen Eintrag in Wikipedia.

Charlotte fühlte sich inzwischen als Hannoveranerin, ihr jetziger längerer Aufenthalt in Wetzlar ließ sie spüren, dass sie dort vielleicht noch ihre Wurzeln hatte, sich aber der Stadt in keiner Weise mehr verbunden fühlte. Die Heimat Hannover rief sie, nach so langer Zeit auswärts, und sie entschloss sich, mit ihren Töchtern Dorothee und Clara und dem jüngsten Sohn, den sie seit Einmarch der Franzosen wieder bei sich hatte, nach Hause zurückzukehren. So kam sie dort im September 1804 wieder an und fand ein völlig ausgeblutetes und verknechtetes Hannover vor. Auch in den kommenden Jahren wurde immer noch mehr Geld aus der Stadt gepresst und das wirtschaftliche Leben kam vollständig zum Erliegen. Ihre Briefe von 1805 bis 1812 zeigen die verheerende Situation: Einquartierungen, die die Häuser ruinierten, Kriegssteuern, die alle Gelder auffraßen, keine Gehälter, keine Pensionen. Charlotte nutzte bisweilen die Gelegenheit, durch Reisen kurzzeitig zu ihren Kindern zu entfliehen, um dann aber bei ihrer Rückkehr jeweils die Not wieder umso stärker zu spüren.

Als Lichtblick erwies sich, dass Charlotte immer noch im Besitz des großen Gartens vor den Toren der Stadt war, der viel Gemüse lieferte, und in dem auch Schweine und Kühe gehalten wurden, was aber zugleich natürlich auch viel Arbeit bedeutete. Zwar wurden in dem Gartenhaus auch bis zu 50 Mann einquartiert, die alles andere als pfleglich mit dem Besitz umgingen, aber dennoch halfen die Gartenprodukte und auch das Fleisch der Tiere die Not etwas zu mildern.

Erst 1813, nach der Völkerschlacht bei Leipzig Ende Oktober, war die schwere Zeit der Besetzung vorbei. So hatte die Zeit, in der Hannover nachgerade eine Agonie erlebte und die Bevölkerung finanzieller Not und Willkür ausgesetzt war, volle zehn Jahre gedauert.

Der Lebensabend

1814 war nun das Jahr des seit langem ersehnten Endes der Fremdherrschaft, und die Normalität kehrte allmählich in die ausgeblutete Stadt zurück. Vor allem wurden die Pensionszahlungen wieder aufgenommen, und Charlotte musste sich keine Sorgen mehr machen, dass sie verarmt in ihren alten Tagen kaum noch das Nötigste bezahlen könne.

Und Charlotte konnte sich 1816 einen seit langem gehegten Wunsch erfüllen: Sie wollte ihre 12 Jahre jüngere Schwester Amalie besuchen. Amalie lebte in Weimar, wo sie einen Cornelius Ridel geheiratet hatte. Charlotte wurde auf dieser Reise (alleine die Fahrt von Hannover nach Weimar dauerte vier Tage) von ihrer Tochter Clara begleitet. Goethe, der ja auch in Weimar lebte, hatte durch seinen Sohn, der ein Kollege von Cornelius Ridel war, von dem Besuch erfahren und lud, drei Tage nach Ankunft in Weimar, die beiden Besucher aus Hannover zusammen mit Amalie und Cornelius zum „traulichen Mittagsmahle" ein.

An dieser Stelle unserer Schilderung der Abläufe möchte ich unterbrechen und ein paar Worte zu der Literatur sagen, die uns heute vorliegt: Ich habe mich auf den vorherigen Seiten im wesentlichen auf das Buch von Oskar Ulrich, einem Hannoveraner Heimatforscher, mit dem Titel „Charlotte Kestner – ein Lebensbild" bezogen, erschienen 1923. Aus diesem habe ich sozusagen die Rosinen herausgepickt und versucht, diese mit einigermaßen flüssigen Worten aneinanderzureihen. Damit werde ich auch auf den restlichen Seiten fortfahren, aber hier gibt es jetzt eine Besonderheit: Thomas Mann hat seinen Roman „Lotte in Weimar" 1939 publiziert, der genau diesen Besuch von Lotte schildert, in einer Mischung aus Wirklichkeit und Fiktion. Mein Problem sind dabei die Fiktionen – ich traue mich einfach nicht, diesen Roman als Quelle mit heranzuziehen. Wobei dieser dem Leser ein tiefes Verständnis der Figuren vermittelt, aber ich will mich nicht darauf verlassen, dass es die historische Wirklichkeit ist, die er beschrieb. Ich bleibe also bei meinem Oskar Ulrich, dessen Buch zu der Zeit, als Thomas Mann an seinem Roman schrieb, bereits seit langem schon veröffentlicht war. Die Forschung heute neigt aber zu der Ansicht, dass Thomas Mann es nicht gekannt hatte.

Wobei, wenn ein Leser jetzt kritisch anmerken sollte, dass ja auch keiner so recht weiß, woher dieser Oskar Ulrich seine Informationen bezogen hat (die zum Teil sehr detailliert sind), kann ich auch nur zustimmend nicken – aber irgendwie habe ich ein Bauchgefühl, dass sie sehr viel näher an den tatsächlichen Vorgängen angesiedelt sind. Wohingegen ein Brief von Thomas Mann an eine Ururenkelin von Charlotte deutlich macht, dass Thomas Mann sich durchaus sehr bewusst über die historischen Fakten hinweggesetzt hat:

„Zu dem Mittagessen waren tatsächlich nur die Verwandten Charlottes, bei denen sie am 22. September eingetroffen war, geladen. Sie wohnte bei diesen und nicht, wie ich es darstellte, im Gasthaus zum Elephanten. Auch fand das Mittagessen nur in diesem engsten Kreise statt und war kein Diner von sechzehn Personen, wie ich es geschildert habe. Begleitet war Charlotte Kestner nicht von ihrer älteren Tochter Charlotte, sondern von einer jüngeren namens Clara. [...] Das Billet, das Charlotte aus dem Elephanten nach ihrer Ankunft an Goethe richtet, ist von mir frei erfunden."

So, nach diesem Intermezzo kehren wir zurück zu unserem traulichen Mittagsmahle. Charlotte hatte keine großen Erwartungen in diese erste Begegnung nach so vielen Jahren gesetzt, ganz anders allerdings ihre Tochter Clara. Sie erwartete, dass jedes Wort, das der ach so berühmte Dichter von sich gab, nachgerade ein Kunstwerk der deutschen Sprache sein sollte, und wurde mit etwas abgespeist, das sie als eine Art zusammengesetztes Konglomerat an Belanglosigkeiten ansah. Überliefert ist ihr Kommentar, dass es eine Anmaßung wäre zu sagen, sie hätte ihn sprechen hören, denn nichts von dem, was er sagte, wäre aus seinem Inneren oder auch nur aus seinem Geiste gekommen.

Charlotte hingegen schrieb an ihre Tochter Charlotte:

> „Ich sah in ihm einen alten Mann und einen neuen Bekannten, welcher mir keinen angenehmen Eindruck machte. Er war freundlich, artig, und, wie die Ridels sagten, sehr liebenswürdig, letzteres nicht für mich, weil sein Wesen für mich zu steif ist. ... Die Gespräche waren meist gleichgültig, was doch auch nicht anders sein konnte."

Und ihrem Sohn August berichtete sie:

> „Von dem Wiedersehen des großen Mannes habe ich Euch selbst wohl noch nichts gesagt: Viel kann ich auch nicht darüber bemerken. Nur so viel. Ich habe eine neue Bekanntschaft von einem alten Mann gemacht, welcher, wenn ich nicht wüßte, daß er Goethe wäre, und auch dennoch, hat er keinen angenehmen Eindruck auf mich gemacht. Du weißt, wie wenig ich mir von diesem Wiedersehen, oder vielmehr dieser neuen Bekanntschaft versprach, war daher sehr unbefangen; auch tat er nach seiner steifen Art alles mögliche, um verbindlich gegen mich zu sein."

Dennoch trafen sie sich mehrere Male und die anfängliche Steifigkeit von Goethe legte sich etwas. Selbst Clara urteilte nicht mehr so streng.

Natürlich wurde das Urbild der Lotte aus Werthers Leiden in die Weimarer Gesellschaft eingeführt, selbst die Großherzogin lud sie ein und unterhielt sich angeregt längere Zeit mit ihr.

Schillers Witwe berichtete, nachdem sie Charlotte kennenlernte, in einem Brief an einen engen Freund von dem Treffen:

> „Ich habe das Original der Lotte gesehen, die jetzt hier ist und Goethe zum ersten Male nach zweiundvierzig Jahren sah! Sie ist Kammerrath Ridel's Schwägerin, eine Hofräthin Kestner aus Hannover, eine sehr hübsche Frau, wol weit in Sechzigen. Bedeutende Augen und schöne Gestalt hat sie sich erhalten und ein schönes Profil, aber leider wackelt der Kopf, und man sieht, wie vergänglich die Dinge der Erde sind. Sie hat Goethe auch sehr anders gefunden. Sie ist geistreich, gebildet und nimmt großes Interesse an den Weltgegebenheiten. Sie hat acht Kinder, (d.h. Söhne), die alle schon in der Welt leben und wirken. Ihr Mann ist todt. Die geheime Kammerräthin Rie-

> del, die im ‚Werther' als naseweise Blondine bezeichnet ist, saß auch ganz gesetzt und ruhig neben uns, und so wirkt die Hand der Zeit über die Menschen, und nur was wir fühlen und empfinden, bleibt uns lebendig. Die gelben Blätter rauschen neben mir zur Erde nieder, und alle diese Bilder sind die Zeichen des menschlichen Schicksals. Nur das Gefühl des bleibenden Wohlwollens und die Empfindung der Freundschaft führen in heitere Regionen, und diese wollen wir festhalten."

Charlotte von Stein, eine Freundin von Schillers Witwe, berichtete von dem Treffen mit Charlotte Kestner lakonisch:

> „Sie ist von angenehmer Unterhaltung, aber freilich würde sich kein Werther mehr um sie erschießen."

In den ersten Novembertagen waren Charlotte und Clara wieder zurück in Hannover.

Die nächsten Jahre verliefen ohne einschneidende oder aufwühlende Ereignisse, das Leben Charlottes pendelte zwischen Besuchen und Kontakten mit Vertretern der höheren Gesellschaft einerseits und den

Charlotte Kestner 1820
Kopie eines Gemäldes nach Johann Ludwig Hansen

vielen Treffen mit Kindern und Enkeln andererseits. Ihr Wunsch war, wie es Oskar Ulrich in der Lebensbeschreibung so schön ausdrückt: „vor allem Ruhe und Frieden und stiller, heiterer Lebensgenuss".

1823/24 reiste die über Siebzigjährige nochmals nach Thann im Elsass, wo sie über ein Jahr bei den Söhnen und ihren Familien blieb. Man muss sich verdeutlichen, dass die Reise von Hannover bis in den Elsass in engen Kutschen auf holprigen, unbefestigten Straßen zehn volle Tage, jeweils von morgens bis abends, dauerte.

Jetzt, wieder zuhause, fühlte sie doch die Last ihres Alters. Aber als bestes Geschenk des Himmels betrachtete sie ihre gute Laune. Oder, wie sie zu sagen pflegte, sei ihre Lebensphilosphie: „Dem Leben fest

> „...die oft sterben will, und nach einigen Tagen gibt sie wieder in Diner, das sie selbst gekocht hat, was sie aber unterlassen sollte, denn es schadet ihr und schmeckt schlecht."

ins Auge zu sehen, des Guten sich zu freuen, dem Unangenehmen eine gute Seite abzugewinnen, und was übrig bleibt, möglichst rasch zu überwinden."

Ihre Direktheit spricht auch aus dem Brief, in der sie über die Frau ihres Hausaztes schreibt:

Zu den Kindern und Enkeln kamen jetzt auch schon die ersten Urenkel. Aber knapp eine Woche nach ihrem 75. Geburtstag verstarb Charlotte ohne Siechtum oder längeres Leiden am 16. Januar 1828.

Literaturhinweise

Goethe „Die Leiden des jungen Werther"

Goethe „Dichtung und Wahrheit"

August Kestner „Goethe und Werther", Stuttgart und Tübingen, J.G. Cottaischer Verlag, 1854

Oskar Ulrich „Charlotte Kestner", 1921; Nachdruck 1987 Verlag August Thuhoff Goslar

Thomas Mann „Lotte in Weimar", 1939

Astrid Seele „Frauen um Goethe"